がんちゃん

広島東洋カープ

岩本貴裕

THE MEDIASION PRESS

はじめに

早いものだ。もう10年目になるのか――

2008年のドラフト会議で広島東洋カープから1位指名を受け、憧れでしかなかったプロ野球の世界に足を踏み入れてから、ここまでの年月はあっという間に過ぎて行ったようにも感じる。

僕の1年目、プロデビューした2009年はちょうど、カープの新たなホームグラウンド、マツダスタジアムがオープンした年だ。少年時代、旧広島市民球場で躍動するヒーローに憧れて数えきれないほど通い詰め、甲子園出場をかけて戦った思い出の場所は姿を消してしまったけれど、新たな街のシンボルは、今や押しも押されもせぬ日本一の「ボールパーク」になった。

連日、満員のスタンドから声援を送ってくださる皆さんは、日本一のファンだ。

カープのユニフォームに袖を通し、この場所で活躍することを夢見る子どもたちの数も、ここ数年で一層増えたのではないだろうか。

ただ、常に新陳代謝を繰り返すこの世界にいれば、時に自分が追う立場になり、追われる身にもなる。優勝という同じ目標を見据えてはいても、チームメイトとは、常に競い合うライバルの関係だ。そのレースに勝ち抜かなければ、到底一軍で脚光を浴びることはできない。

ともに汗を流したライバルの中にも、その目標に手が届かず、球界を後にした人を何人も見てきた。僕自身、訪れた壁の前に、何度か心折れそうになったのも事実だ。そんな厳しい環境の中で重ねてきた僕の9年間は、試行錯誤の連続であり、それでもなんとかチームの力になりたいという思いを形にしようと過ぎていった。

2016年、25年ぶりのリーグ優勝を果たしたカープは、広島に限らず、日本中にファンの層を拡大し、その人気は未だ衰えるところを知らない。マツダスタジアムを真っ赤に染める光景と大声援は、2年連続リーグ優勝の原動力となった。悲願の日本一へ向け、球団初の三連覇を目指す戦いも始まった。

ここまでのプロ人生の中で、僕がチームにとってどれだけ貢献できたかを振り返ってみれば、けっして満足のいくものではないし、地元出身の選手に期待をしてくださるファンの皆さんも、物足りなさを感じていらっしゃることだろう。

そんな僕が、ここまでの野球人生を記す機会をいただいた。中堅からベテランの世代へ移行していく年齢に差しかかり、常時一軍で活躍できてもいない現在の自分には、ずいぶん不相応な話かとも思ったが、広島の町に生まれ、カープの一員になることができた岩本貴裕が、野球とどのように向き合って現在に至ったかを、応援してくださる皆さんに知っていただく機会になればと受けさせていただいた。

平凡な男の子が、ふとしたきっかけで野球と出合い、中学から高校、大学へと、どんな風に野球に取り組んできたのか。これまでのプロ人生で、何に悩み、何に導かれて現在に至ったのか、そして、何を目指すのか――。

その節目には、必ず人との出会いがあり、その都度、進むべき道の選択に際して力添えをいただいてきた。進路に迷った場面や、行き詰まったときに手を差し伸べていただいてきた。

広島の野球少年の多くは、カープの選手になる夢を抱いているだろう。そんな子どもたちの夢を叶えてくれる土壌が、このふるさとにはある。

まだまだ、選手としての自分に限界がきたとは思わないし、これまでの経験はきっとチームの役に立つときがくると信じている。野球のチームは、役割を持った個性の集まりだ。その中で何をすべきか。自分の役割を自覚し、進化させていくことが、今の僕には求められている。

あらためて、ここまでの野球人生を振り返るとともに、野球が大好きな皆さんに、広島に生まれ育った岩本貴裕という人間を知っていただきたい。そして、ここまでさまざまに僕と関わってくださった方々に感謝の気持ちを届けたい。

同時に、チームが挑むリーグ三連覇に、自分の力で貢献するという決意を示させていただければと思う。

2018年4月　　岩本貴裕

がんちゃん

〔目次〕

第2章

進化……041

がんちゃん

〔目次〕

第5章 光と挫折……127

がんちゃん

〔目次〕

〔第1章〕

原点

野球との出合いは祖父との遊びの中で

広島東洋カープが5度目のセ・リーグ優勝を果たした1986年、僕は広島市に生まれた。現在は、複数の車線が走る国道54号と、街の中心部と北部を結ぶ新交通システム「アストラムライン」を眼下に見下ろし、その西側に太田川を望む、広島市東区牛田が僕の故郷だ。牛田山の西の麓から山頂にかけて広がる住宅地で、僕の家は、その中腹あたりに位置していた。

現在の景観は、広島でアジア大会が開催された1994年に出来上がったもので、幼心に残る記憶では、片側1車線、対面通行の道路が真っすぐ北へ伸びるだけのものしかない。道路の向こう側を南北に流れる太田川は、ほどなく流れを分け、広島駅方面へと流れる京橋川、平和記念公園脇を流れる元安川や天満川へと、その名を変える。水の町・広島市を形成する、まさに分岐点と言える場所だ。

岩本家は7人家族。共働きの両親と、母方の祖父母に、3歳上の姉と僕、4歳下の弟が、一つ屋根の下に暮らしていた。街の中心部からほど近い場所にありながら、牛田山の自然と、陽光を受けてキラキラと輝く太田川に挟まれた環境の良いところで、のびのびと育ててもらった。昼間、仕事に出かけて留守にする両親に代わって、僕たちのお守りをしてくれたのが祖父母だった。

僕が通う幼稚園は、自宅から徒歩で30分ほどの場所にあったが、送り迎えはもっぱら、祖母の役目。牛田山の中腹から、下の幹線道路に降りて歩けばさらに遠くなるので、近道を通り、毎日、祖母と手をつないで通った記憶がある。小さな子には少々長めの距離だが、苦にはならなかった。

家に帰れば、祖父が待ってくれていて、いつも遊び相手になってくれた。どこの家庭でもそうなのだろうけど、爺ちゃん、婆ちゃんはとにかく孫に優しいものだ。さすがに、両親が留守の間に甘えさせてばかりではいけないとの思いからだろう、祖母は、優しいばかりではなく、時には厳しさも見せる人だった。

家には大好きなお菓子が常備してあり、おやつに関して不満はなかったし、何か食べたいものがあれば、当然、両親には内緒で小遣いをくれた。そんな時は、坂道を駆け下り、自宅から一番近いなじみの駄菓子屋に駆け込んで空腹を満たした。プロ野球選手としての体づくりを欠かさない今の僕は、同世代の男性に比べて大きい方だが、そんな幼少期も、同い年の子と比べれば大きかった。背丈はもちろん、大好きなお菓子をたくさん食べたので、少々、横の方にも大きかった。

一人であちこち遊びまわるようになるまで、僕の遊び相手は祖父だった。勤め人だった祖父は、とりたててスポーツを経験してきた人ではなかったが、町内のさまざまな活動に積極的に参加する人だった。休日には、ご近所さんたちと定期的にグラウンドゴルフに興じるなど、老後の生活を謳歌していた。

そして、時間の許す限り、さまざまな遊びで僕に付き合ってくれた。走ることやボール遊びなど、興味を示すものなら何でも教えてくれたものだ。それは、スポーツとしてのルールやテクニックが伴うものではなく、単に投げる、蹴るなどの単純なものに過ぎなかったが、僕はそれで十分だった。

その中でも、僕が大好きで、しかもなかなかうまかったのが「ボールを投げること」だと見た祖父は、3歳のころだったか、グローブを買い与えてくれた。グローブと言ってもその材質や価格は幅広い。おそらく、ホームセンターで買ってきてくれたものだろう、合成皮革製で、幼児用のものだった。

広島に生まれ育った祖父は、野球好きではあったが、当時の大人の男性にありがちな、カープの勝敗によってその日の機嫌がくるくる変わるような人ではなかった。ただ純粋に、孫の喜ぶ顔が見たかったのだろう。僕としては、そのプレゼントをどれほど喜んだか覚えていないのだが、左利きの僕が右手にそのグローブをはめ、ボールを投げるという、一応、野球少年の入り口に立たせてくれたのが、その瞬間だったのは間違いない。それ以来、ボールの壁当てに熱中する日々を過ごした。

その後は、行動範囲が広くなるにつれ、遊びの舞台が牛田山の自然の中であったり、遊び相手が同年代の子ども同士であったりと、祖父と過ごす時間ばかりではなくなっていったが、子どもの遊びは、飽きれば即座に、他のものへと興味が移るものだ。気分がいつボール遊びに変わってもいいように、このグローブは、常に僕の相棒として、行動を共にしていた。

家族団らんの日曜日に突然のピリオド

弟が生まれて、僕は3人兄弟の真ん中になった。小学校に入るころ、弟はまだ小さいので手が掛かる時期だったが、わが家では、日曜日になると、ほぼ毎週家族全員がそろって遊びに出かけた。もともと、両親が一日の仕事を終えて帰宅し、よほどの用がない限りは、みんなで食卓に顔をそろえるというのが暗黙のルールであるぐらい、父はとにかく家族そろっての行動を大切にした。年末年始には決まって家族旅行。県外の温泉地に出かけ、のんびりと新年を迎えるのが恒例で、その習慣は大人になった今でも続いている。

僕が小学校の低学年時代は、まだ世の中が完全週休二日制ではなく、土曜日の学校は半ドン、大人が働く会社も同様で、一週間の内でたった一日の休日である日曜日は、貴重な休養の時間でもあったはずだが、父はその時間を家族のために充ててくれた。兄弟、祖父母も全員そろって外出するのが、岩本家の週末の過ごし方だった。毎度のことではないにしろ、家族7人分の弁当を作ることになる母への負担は大きかったのではと思う。

本当にいろんな場所へ連れて行ってもらったが、今はすっかり遊具や乗り物が取り払われた「呉ポートピアランド」は、当時の子どもたちにとって大好きな場所であり、記憶の中にも鮮明に残る場所だ。僕たち兄弟は、日曜日がやって来るのをいつも楽しみにしていた。

それが小学1年生のある日曜日、岩本家全員を乗せた自家用車が太田川沿いを走っていた。太田川の本流が、広島市を東区と安佐南区に分け、そこを往来できる真っ赤な安芸大橋は、山々の緑と、青空、太田川の清流とあいまって、コントラストが美しい光景だ。

その橋を西側に渡った安佐南区には、古くからのゴルフ場があるなど、かなり広い面積の河川敷が南北に広がっている。ゴルフコースのさらに北側、山陽自動車道が真上を走る、安芸大橋の向こうには、きれいに整備されたグラウンドがいくつかあって、たくさんの子どもたちが、指導者と思しき大人たちと野球の練習をしていた。その光景は、遊びに出かけて近くを通るたび目にしていたものだったが、それまでは家族の中で特に話題になることはなかった。

遠くに見える子どもたちの体格もさまざまで、大人かと思えるほど大きなお兄さんもいれば、1年生の僕と変わらない背格好の子も見えた。

「野球、やりたいな」

その練習風景が楽しそうに見えたのか、当時の僕が野球への関心を明確に抱いていたのかは覚えていない。だがそのとき口にした一言が、岩本家の週末のあり方を大きく変えることになった。

家族の日曜日は「野球の日」になった

両親には、子どもがやりたいことを受け入れ、希望を叶えてやりたいという思いはあったと思うし、野球をすることに対して特に強い反対をされることはなかった。でも正直、父はあまり乗り気ではなかったと思う。野球のクラブチームに所属するということは、わが家にとっては、日曜日に家族で出かける貴重な週末の機会が、ほぼ無くなることを意味する。いや、これからは家族そろって、野球中心の行動を強いられると言った方が正しいかも知れない。

皆さんの中にも、自身が少年野球チームに所属したり、子どもを入団させた経験をお持ちの方も多いと思うが、そもそも指導者自身が、ボランティアで毎週グラウンドに足を運び、休日の貴重な時間をチームのために費やしているのが当たり前だ。さらに子どもを預ける保護者も運営に関わらなければ、チームは機能しないし、求められる役割もまた多岐にわたる。練習場の確保に始まり、日よけのまるでないグラウンドに毎回テントを設営。練習中に消費される大量の飲料を用意・補充したり、指導者への昼食準備も毎回のことだ。

お父さんたちは、実際に練習をサポートする役割を担うこともある。お母さんたちの役割は当番制で、毎週欠かさずというわけではないが、強い日差しに加え、グラウンドからの照り返しを浴びる環境で1日を過ごすのは、女性にとってはかなり過酷だ。

そして、試合のある日には、選手を移動させる「車出し」の役割が待っている。試合会場も、広島市内に限定されるものではなく、市外は当たり前、県外の会場へ赴くこともしばしばだ。

母は、当番の仕事に入ることで僕のバックアップをしてくれるようになった。当然、朝出かけて行けば夕方まで河川敷のグラウンドに居続けるから、昼食の弁当、お茶、チーム用の氷など、毎度毎度、準備しなければいけないものはたくさんあって、ずいぶん負担をかけたと思う。父には、始めたからには辞めずに頑張れと言われたことはなくて、たとえ僕が根をあげて退団しても、本来の日曜日が戻って来るのだから、それならそれで構わないという思いがあったようだ。それでも、車出しの役目には、積極的に協力してくれた。

出かけることが大好きな父には、それが野球に限定されたものであっても、休日の気分転換になったのだろう。自分の車に乗せる子どもを選択することはできないので、たまに衣類や道具の汚れを落とさず乗り込もうとする子どもたちがいれば、きれいにするように厳しく注意をしていた。

僕が入団した「広島中央リトル」は、日本リトルリーグ野球協会に所属するチームで、硬式球を扱っていた。野球を始めるにあたっての選択肢は、人によって軟式から入ったり、ソフトボールから入るなど、本人はもとより、住む地域の環境だったり、保護者の意向が強く働くが、僕の場合は単純に野球がやりたいと、たまたま興味を持ったチームが硬式のチームだったというだけのことだった。チームの編成としては、学年で呼び名が違っていて、小学3年生以下の年代が「マイナー」、4年生のうち、4~8月に生まれた者と6年生までが「メジャー」、中学生になると「シニア」と、それぞれに所属するクラスが分かれていた。

こうしたクラブチームは、入団条件が地域や学区に縛られないので、集まってくる選手の住む町もさまざまだ。同じ広島市内であってもバラバラだし、市外から通う者も多くいた。自宅から練習場まで、車で10分ほどの場所に住んでいた僕は、利便性から言えば、比較的恵まれていた方だったと思う。同学年で同じ小学校から通う子はいなかったが、野球を始められることへの期待感で、特に物怖じすることもなく、チームに溶け込むことができた。

ただ、純粋に野球を楽しむことができるかと言えばそうではなかった。今から思えば、小学校の低学年対象だから、ずいぶん加減されたものではあったのだろうけど、ボールを握る前に必ず課されるトレーニングは、子ども心にかなりきつかったと心に残っている。とはいえ、入団当初、父がぼんやり期待していたように、野球を辞めたいということは、一度も口にすることなく、僕は「マイナー」の時代を、この広島中央リトルで過ごした。

出会いと別れ。そして次なるステップ

人生は、何事においても、節目で分岐点が待ち受けている。野球を始めることで生活が一変する選択をしたこともそうだし、年齢を重ねるごとに、その向き合い方、取

り組み方にも選択を求められる「分岐点」が待ち受けているものだ。どこの高校で野球をするのか？　将来はプロになるのか？　僕のここまでの半生をたどっただけでも、決断を迫られた場面では、自分自身だけでなく、家族や指導者など、さまざまな立場の人たちからの助言があった。

小学4年生のころだったと記憶している。わが家の隣にあるご夫婦が引っ越してこられた。ご主人の名は荒谷稔さんと言い、妙に野球に詳しい方だった。この「荒谷のおっちゃん」との出会いは、その後の僕の野球人生を大きく左右することになるのだが、それは後述させていただこう。この当時は、ただ優しくて、週末の練習日以外、僕のキャッチボールの相手もしてくれる、祖父以来の大人だった。ご夫婦には子どもがなかったので、僕はことのほか可愛がっていただき、遊び相手としてだけでなく、家を訪れてはごはんをご馳走になったりと、親交を深めていった。やがて荒谷さんご夫婦とは、家族ぐるみのお付き合いをさせていただくことになった。

こうしたお付き合いも含め、野球を通して人との出会いを重ねて、今の僕があるのは間違いない。当時、広島中央リトルでマイナーチームの監督をされていた野中日出男さんは、僕にとって初めての指導者で、厳しく鍛えていただいたが、一方でとても優しく、心から野中さんを慕っていたし、家族も信頼していた。

だからこそマイナーの時期を終えたころ、野中さんがチームを離れられることが伝えられたそのときには、正直ショックを受けたのを覚えている。これから先、自分の成長を見てもらえない寂しさは、このチームで野球を続けることの意義を僕から奪ったほどだ。野球を続ける気持ちに変わりはなかったが、それならいっそのこと、気分一新、環境を変えて野球に取り組んだ方が良いのではと考えた。両親もその考えに異論はなかったので、4年生になる機会に、広島中央リトルを退団した。

もうすぐメジャーの年齢になる僕が求めた新天地は『広島鯉城』。やはり太田川の河川敷に練習場所を持つチームで、牛田の実家からほど近い。安佐南区を流れてくる古川と太田川が合流するあたりに、そのグラウンドはあった。のどかな風景を臨みながら、川沿いには遊歩道が整備されているので、それはよく走らされた。

ライトの奥には、太田川ゴルフ倶楽部のスタートホールが隣接していた。外野にも十分な広さがあったので、そこへ打ち込む選手はまずいなかったが、僕の入団から3年後、いや正確に言えば、ある怪物が「シニア」の選手として頭角を現したころ、レフト方向場外への打球が増え、その選手の打撃練習ではレフト側の遊歩道にまでグローブを持った選手が並んでいたという。後に大阪桐蔭高校を経て、北海道日本ハムファイターズに入団する中田翔だった。

年齢的に、メジャーとマイナーに分かれ、一緒にプレーすることはなかったが、「すごい選手が現れた」という話は、もちろん伝わってきた。やはり翔は、子どものころからケタ外れの長打力を持った選手だった。

野球少年としての憧れはもちろんカープ

野球と本格的に向き合うようになった小学生の僕は、ご多分に漏れず、広島カープのファンになり、「ジュニアカープ」メンバーになって、可能な限り、広島市民球場へ足を運んだ。幸い、自宅からそう遠くない場所にアストラムラインの駅があったので、球場へのアクセスはこの上なく便利だった。保護者同伴ではなく、学校の同級生や、野球チームの友だちと連れ立っては出かけていた。

1991年の優勝から数年を経ていた当時のカープは、広島商の先輩でもある、三村敏之さんが監督を務めていらして、今思い出してみても、なぜこの布陣で優勝できないのか不思議なぐらい、凄いメンバーがそろっていた。30歳前後のレギュラー陣は充実していて、特に内野手では野村謙二郎さんに、江藤智さん。野村さんは、カープ機動力野球の申し子であり、江藤さんは猛練習の中からレギュラー定着した、生え抜きの長距離砲だ。ライトに前田智徳さん、センターに現在の緒方孝市監督、レフトを金本知憲さんが守るという、なんとも贅沢な顔ぶれ。外野自由席が無料で、外野手を間近に見る機会に恵まれた僕たちにとってはフェンス越しのすぐそこに、憧れのヒーローがいた。

今日はレフトの金本選手に近い場所で、次はセンター寄りで緒方選手を間近に見ようという具合に、僕たちは観戦のポジションを変えて楽しんだ。応援団の人たちが占めるエリア以外は空いているから、行き来も自由だ。

もっとも、そこはじっとしていられない小学生。必ずグローブは持参していたので、観戦に飽きたら一旦球場の外に出て、バックスクリーン後方の公園でキャッチボールに興じ、大歓声が聞こえたら再び球場へ駆け戻るの繰り返しだった。

野球への情熱を失いかけたころ

広島鯉城で「メジャー」の時代を過ごした僕は、そのまま中学へ進学後、「シニア」のチームで野球をするものだと思っていたし、周囲もそれを疑うことはなかった。僕は、野球に取り組む一方で、スイミングスクールにも通っていた。スポーツをするうえで必要となる筋力や持久力を高める目的で、さまざまなスポーツ選手にも、水泳を長く経験している人は多い。両親もすべては野球をするための土台作りとして続けさせてくれたのだろう。その効果を自分でもなんとなく実感していた。

同学年の中でも体は強い方だったし、僕は貴重な左投げ左打ちの選手だったから、投手として登板する以外にも、一塁を守る野手としての役割も与えられていた。
なのに、シニア入りを目前にしたその時期、僕は野球を辞めてしまいたいほどの苦痛に見舞われることになる。その異変は突然やって来た。

左膝に激痛が走り、まったく走ることができなくなってしまったのだ。

小学校を卒業した段階で、身長は160㎝ほどだったから、大きいとは言っても、周囲から突出しているほどではなかった。発育期の、スポーツをする子どもに多く発症する、いわゆる「オスグッド」（オスグッド・シュラッター病）だ。まだ成長過程にある、脛骨という骨には「成長軟骨」といわれる部分があり、それは、跳んだり走ったりという負荷が加わり過度に引っ張られたりすると傷みやすい。そこに炎症が起きると、激しい痛みが症状となって現れるのだ。
僕の場合は、この症状が左足に出た。とにかく、走ることはもちろん、歩くことさえ痛くてままならないのだから、グラウンドに出向いてもやることがない。いや、正確にはできることがないので、ひたすら仲間の練習の見学だ。周囲から見れば「あいつ、来ているのに何で練習しないんだ」との目で見られているような気になってしまう。

この時期の僕は、この先野球ができなくなるのではないかという不安に駆られていて、かなり投げやりになっていたのだと思う。ちょうど中学校への入学前。入学後は、勝ち負けに拘らず、あくまで学校生活の一部として、気心の知れた地元の仲間と楽しく野球をやるのも良いかなと思い始めていた。オスグッドの症状が治まる気配もなかったし、悩んだ末、クラブチームを退団することに決めた。

「楽しい野球」を求めて

地元の牛田中学校へ進学した僕は、野球部へ入部すると決めていた。チームメートは幼なじみばかりだ。小学生のころは1週間のうち1日だけ、野球をするために出かけていたが、それ以外の日は、いつも一緒に遊んでいた連中ばかり。小学校から帰れば、そのうちの誰かと必ず遊んでいた。

遊びの選択肢はもちろん野球。僕たちには、アストラムライン「牛田」駅前にあるスポーツセンターの正方形の広場がホームグラウンドだった。現在は、野球をすることは禁止されている場所だが、当時はまだ大目に見られていたはずだ。サブグラウンドは、3丁目のちょっと上にあった少々狭い広場だった。

厳しい練習と向き合う野球ではなくて、軟球や、もっと柔らかいボールを使った「遊び」の野球は、純粋に楽しいと思えるものだった。

これからは、この仲間たちと部活を通して、楽しい野球ができる。そう気持ちを切り替えると、少しは救われたが、野球をするためにはオスグッドの完治が前提条件だ。だがせっかく新たなスタートラインに立ったのに、症状は改善せず、その先もしばらく苦しめられることになった。

中学校の軟式野球部は、中体連（広島市中学校体育連盟）に加盟していて、春と夏、そして秋に大会がある。地区の予選を勝ち上がり、市大会を経て、上位大会への扉が開かれることになる。広島市東区のわが校は、地区ブロックが6チームほどだったと思う。そこを勝ち上がった上位2チームが、市大会へと駒を進める。ただ、当時の牛田中学校は、地区予選を突破する実力を備えていなかった。学校の規模自体が大きかったから、部員は各学年20人ぐらいいて、そこそこの大所帯だった。

これは現在でも公立中学校にある悩ましい問題だと思うが、運動部の顧問が必ずしもそのスポーツの経験者ばかりではない。現に、当時の野球部を指導していたのは、テニスをしていた先生で、野球経験は皆無だった。

大人に対してこう言っては失礼だが、部員の何人かは、小学校時代、どこかのチームで野球をしてきている。理論や技術的なことを教わる環境にない状況だから、練習のメニュー決定から試合運びまで、僕たち部員の経験によって決められることが多かった。自由と言えば自由。当時の僕には合っていたのだと思う。

そして、部活には練習時間にも厳しい制限がある。春から秋の入り口にかけては、終業から午後6時の完全下校までの約2時間、日暮れが早くなるにつれ、下校時間は

5時半になり、5時に早められる。これは、成績の良い運動部でも例外ではなくて、学校生活の絶対的ルールだ。分刻みで効率的な練習ができれば良いのだが、ぎりぎり着替えを終え、校門の外に出る時間も含めてのことだから、満足な練習が叶わないのが実情だ。冬になると期間、練習時間は1時間程度しか確保できないなか、野球部は、専らサッカーをしていた。

のびのびと楽しむ野球を選択した中学校生活だが、左膝の痛みは入部後もずっと付きまとっていた。放課後になれば他の部員たちと一緒にグラウンドまでは行くのだが、やはりそこでも見学。1年生が入部してから数カ月というのは、基礎体力をつけるために、やたらと走らされる時期だ。同じ新入部員としてその練習に加わることができず、同級生に申し訳ない気持ちはあったが、クラブチーム時代のように、厳しい視線が浴びせられることもなく、先輩たちも寛大で、動けないことへの罪悪感を抱くことはなかった。

入学前に発症し、野球への意欲を奪うほど苦しめられたオスグッドは、時間の経過とともに、少しずつだが快方へ向かった。きっと自分の選択は正しかったのだろう。これが学校の部活動でなければ、どこかで無理をして、事態をもっと深刻にしていたかもしれない。

1学年の終わりころ、やっと練習に参加できる状態になった。僕は入学時よりも身長が20㎝ほど伸びて180㎝になっていた。オスグッドは「成長痛」という言葉で誤用され、体が大きくなる前の通過儀礼のように扱われることがあるが、それとの関係はないそうだ。

しかし、この年齢でたどり着いた体格は、野球との関係を一気に濃密なものへと変えていくことになる。

パワーを実感し始めたころ

中学2年で野球人生の再スタートを切った僕は、3年生の先輩に混じって試合にも出させてもらえるようになった。もともと、部活動で頂点に立つ目標も持ち合わせていなかったので、さほどメンバーに入る責任を感じるでもなく、純粋に野球を楽しんでいだ。扱うボールについて、軟式だからどうだとかのこだわりもなかったが、ずっと硬式野球に取り組んできた、自分なりの発見はあった。

よく、野球漫画などで、ジャストミートしたボールがバットの芯にへばりつき、いびつに変形した瞬間が描かれることがあるが、軟式のボールを完全に芯で捉えると、まさに一瞬あの形になる。だけど、あまりボールは飛ばないのだ。変形したまま回転して舞い上がり、ただのポップフライになってしまうこともある。それではボールを遠くに運ばすことができないので、あえてミートポイントをグリップ寄りにずらし、ちょっと詰まり気味に捉えるようにしていた。そうすると、ボールは理想通りの飛距離を稼ぎ出してくれた。

打球を遠くに飛ばすことが楽しくなり、もっと追い求めたいと思うのは必然だ。それを実現するために、僕は、自分専用のオーダーバットを使っていた。

日本の野球で使用するバットは、木製、金属製、また軟式では、これにカーボン素材、さらにコンポジット（複合）素材と呼ばれる、ボールを潰して飛距離を損なわないよう、芯の周辺をあえて柔らかい材質で作られたものがある。ただ、この素材のバットは、公式試合での使用は制限を設けられる場合が多く、僕たち中体連では金属バットを使っていた。

そのころ、体格に比例して、チームメートたちよりパワーを得た僕は、バットの重量に不満を持っていた。金属バットの素材には、アルミニウムやジュラルミンがあるが、時代は軽量化の傾向にあった。硬式用のものなら、プロが使う木製バットと同じくらい、９００gを超えるものもあるが、軟式だと、重くてもせいぜい７５０g。プロとなった今でもそうだが、僕は、「重み」が手に伝わらないバットは好まない。当時、野球部に何本もあったバットすべてが僕にとっては軽すぎた。

そこで、少々わがままではあるが、当時の軟式用バットとしてはズシリと重みを感じるバットをオーダーで作ってもらったのだ。かなりの重量をもってヘッドの効いた、自分だけのバットを持って打席に立っていた。

僕たちが野球部の主要メンバーになってからの牛田中野球部は、それまでブロック予選止まりだったのに、何度か市大会へも進出するようになった。当時、わがブロックでは二葉中が一番強かったが、肩を並べるぐらいにはなったと思う。

中学時代、野球での思い出を一つ挙げるとしたら、忘れられない一打がある。あれはいつの大会だっただろう。当時は誰もが「県営」と言えば分かる現在のコカ・コーラウエスト野球場で、くだんの「岩本モデル」バットで、軟式ボールを右中間スタンドに叩き込んだ。捉えた瞬間の感触を覚えてはいないけど、よく飛んでくれたなという印象は残っている。

一方、チームのエースになった僕は、真っすぐとカーブを投げ分ける程度の投手ではあったが、自分が投げて相手のバットに空を切らせることに、面白みを感じていた。どれくらいの球速が出ていたかはわからないけど、ストレートにはある程度の自信を持っていたのも確かだ。

華々しい戦績が残る中学時代ではなかったが、気心の知れた仲間との「楽しい野球」を選択したことに後悔はない。そして、中学野球を引退するころ、僕は「進学」

という名の岐路に立つ。高校でも野球をやりたいという希望は漠然と持っており、そこへ、私立高校の強豪野球部から、お誘いをいただくようになったからだ。

何年生のどの試合を見て声をかけていただいたのかはわからないが、ここで下す決断は、自身の将来を左右するかもしれないし、安易な結論は、進学後、早々の後悔につながるかもしれない。

第一、中学で楽しい野球を選んだ僕に、再び厳しさの中に身を置く覚悟があるのか。この勧誘が、にわかに心を揺さぶることになった。どこの高校がどんなチームで、その時代はどこが強いのかさえ、把握できていない。そんな状態だったので、行きたい学校を決められないでいた。

そこに登場するのが、隣に住む荒谷のおっちゃんである。

〔第2章〕

進化

がんちゃん

広商野球の扉をたたく

荒谷のおっちゃんこと、荒谷稔さんは、広島商業高校の野球部ＯＢで、実は、広島カープからドラフト指名を受けたほどの外野手だった。さまざまな事情からプロの世界には進まれず、社会人野球の選手として活躍されたのだが、出会った当時はそんなキャリアを知らなくて、野球を教えてくれる隣のおじさんに過ぎなかった。

私立高校からの勧誘と併せて、広島商からも声をかけていただくようになった僕は、どう決断したら良いものか、大いに迷っていた。家族会議を開こうにも、僕の父もさほど高校野球界のことを知らないので、ここは、気心知れたご近所さんであり、野球界に詳しい荒谷のおっちゃんに相談しようということになった。

荒谷のおっちゃんからは、初めて自身の野球経験を聞かせてもらい、名門と呼ばれる高校の良さも厳しさも、時間をかけて話していただいた。そのうえで、

「どこで野球をするか、最終的には自分で決めなさい」

と、決断は僕自身に委ねられた。公立高校にも、私立高校にも、それぞれ良さもあれば難しい一面もある。それらの情報を、自身がよく理解して出す結論でなければ、後悔することにもなるだろう。だから、真剣に考えた。そして出した結論は、「広島商」への進学だった。

当時の広島商は、1988年の全国制覇以来、夏の甲子園からは遠ざかっていた。広島の高校野球そのものが、群雄割拠の時代に入っていて、歴史に彩られた名門といえども、常勝チームでいることが許されないころだった。そこで野球に取り組み、甲子園を目指すことが、自身で選んだこれからの3年間なのだと、覚悟を決めたということだ。

受験を終え、広島商への入学が決まったと報告に行ったとき、荒谷のおっちゃんは、真新しい投手用のグローブを僕にプレゼントしてくれた。家がたまたま隣同士になったことも何かの縁だったのだろうし、人生の大事な岐路で僕の決断を導いてくださった荒谷のおっちゃんは、僕にとって「第二の親父」と言えるぐらいの恩人になった。

そして僕は、荒谷のおっちゃん自身の果たせなかったプロ野球選手になった。もちろん今でも交流は続いていて、一緒に出掛けたりすることもしばしばだ。

「おまえは、いつもわしの言うことを聴かんけえのう」

が口癖で、一応、大人になった僕もそれに返したりと、気の置けない間柄だ。


さて、晴れて広島商への入学が決まり、少し長めの春休みは、思い切り自由に過ごす時間を持とう……なんて考えは甘かった。野球部への入部が決まっている新1年生は、合格発表のその日に集められ、マネージャーの上級生から集合日時を知らされる。入学式までの何日間か、50人近い同級生が、一足早く野球部の練習に合流することになった。広島商で野球をやることが楽しみでもあった半面、いきなりの招集に少々面食らったのも正直なところだが、厳しい環境で野球をするということは、そういうことなのだと、すぐに気持ちを切り替えた。

今思うと、この時期からすでに、部員のふるい分けが始まっていたのだろう。僕たちの代が3年生のときも、全体で100人を超える部員を擁していた。大会のメンバーが決まり背番号が与えられるまでは、全部員が、同じ練習をこなすのが広島商の伝統だが、さすがに一学年50人となると多過ぎる。やはり、体力的にも精神的にも、厳しさを乗り越える力を持ったものでないと務まらない。

新1年生の練習には、基礎体力をつけるための厳しいトレーニングが課せられ、それは入学後の1カ月ほど続いた。誰もが中学生まで野球を経験してきたメンバーだ。中体連の、限られた環境の中で気楽にやっていた僕よりも、はるかに厳しい練習を積んできた者も多かったが、この基礎トレーニングの期間、日を追うごとに、1人、2人と退部者が出始め、ボールを握るころには、3分の2ほどになっていた。この段階を経て、僕は晴れて広島商野球部の一員になった。

練習以外の面でも広島商には独特の習慣があって、1年生は「3分着替え」を何度も繰り返し叩き込まれた。グラウンドのバックネット後方にある小さなクラブハウスは、2・3年生の先輩方が使う部屋で、1年生には別のもっと狭いスペースが割り当てられていた。全員が一斉に入ると、もう身動きすらままならない。明かりも満足にないその部屋で、号令と共に制服から練習着に着替え、先輩から着こなしのチェックを受けるのだ。こうした、一見野球とは関係のないようなことも、長い歴史を誇る野球部の中では、新人への指導の一環として、受け継がれてきたものなのだろう。

1年生で臨んだ夏の大会

僕が広島商野球部に在籍していたころの監督は、OBで、現在は広島新庄学園の監督をされている、迫田守昭さんだった。社会人野球の三菱重工広島で監督を務められた方で、1年前から、母校の監督を務めていた。実兄の如水館高校監督の迫田穆成さんは、かつては広島商の選手として全国制覇。監督としても、広島商を55回大会の甲子園優勝に導いている。この二人が公式戦で対峙すると、「兄弟対決」としてマスコミの注目を集める。

広島商は、数々の輝かしい戦績を誇る「名門」でありながら、野球専用のグラウンドを持たない。100人規模の部員が一斉に練習するのは、どこにでもある公立高校の長方形のグラウンドだ。この限られたスペースで、大所帯がいかに効率よく練習をするかが、公立高校の知恵の絞りどころと言ってもいい。

春と秋の県大会、夏の選手権のメンバーが登録されるまでは、先述したように、全部員が同じ練習に取り組む。グラウンドの四隅にホームベースを置けば、狭いながらも一応4つの内野を取ることができるから、そこで効率よくノックはできる。打撃練習については、正規のホームベース周辺に3カ所の打席を設け、やはり全員が同じ数だけ打つ。レギュラークラスの選手でも例外はなく、1打席5球ほどのスイングに集中して臨んだ。

三塁側のファウルゾーンには、二人が並んで投球練習できるブルペンがあり、その向こうには、雨天用の通称「ビニールハウス」と呼ばれるブルペンが設置されている。冬の寒い時期に投球練習をするときには、大型のストーブをたいて暖め、そこで投手陣は投げ込んだ。

そのさらに隣には、一応屋根はあるのだが「屋内練習場」とはとても呼べない、ごく狭いスペースがあったが、実際、その場所で練習した記憶はない。雨が降れば、校舎の階段を上り下りする足腰の強化にはじまり、格技場でゴロ捕球の基礎練習を繰り返し、バドミントンの羽根を打ち込んだものだ。

入学後しばらく続いた基礎トレーニングの中でもつらい思いをしたのが、一塁側ファウルグラウンド横に、約50mほどの長さで作られた「砂場」だ。幅は、人が一人走れる程度。丹念に掘り起こした砂の上を素足で走ることで、足や腰を強化したり、バランス能力を養うためのもので、僕はこれがいい一番こたえた。

基礎トレーニングも終わりに差し掛かったころ、1年生の中から、全体練習に加えてもらえるメンバーが出始めた。一度、上級生の中で練習をさせてみて、問題なければそのまま続けさせるが、まだまだと見られれば、再び基礎練習に戻されてしまう。中学までの実績や体格面でも、僕より上の同期は何人かいて、早くから上級生に混じって練習していた。ほどなく僕にも声がかかり、練習に加わることができたのだが、そのときは嬉しかったというより、先輩たちの高いレベルの中に混じるということに、ただ緊張していたことを思い出す。

中学の3年間では軟式ボールを扱ってきたが、野球の原体験が硬式だったから、捕ったり投げたりということについて、さほど恐怖や違和感を持つことがなかったのは幸いだった。さらに、打つことに関しては、あえてミートポイントを外して打ってきた軟式時代と違い、芯で捉えた打球がよく飛んでいくことに手応えを感じていた。

僕には長打のイメージを持つ方が多いかも知れないが、硬球の打ち方については、入学前に、隣の荒谷のおっちゃんからいろいろアドバイスを受け、常に引っ張りに行かず、ショートの頭上を越える打球をイメージして打つよう心掛けていた。

1年生が入部してくる前、練習試合が解禁となる3月から、上級生たちのシーズンは始まっていて、まずは春の県大会を迎える。そこから約2カ月ほどの期間、いよいよ夏の選手権のベンチ入りを目指すチーム内競争が本格化することになる。

完全なるトーナメントで、広島のナンバーワンになってこそ、甲子園への道が開ける。

3年生にとっては集大成の大会であり、毎週末のように重ねる練習試合で、いかに自分をアピールできるか、監督の目に留まるかが運命の鍵を握るのだ。

5月の終わりころだっただろうか、広島商のグラウンドで行われた練習試合に、僕もメンバーとして出場できる機会を与えてもらえた。本格的に練習をするようになってまだ1カ月そこそこの1年坊主の緊張といったら、それはもう言葉で表せないほどだった。心を落ち着かせようと思うのだが、意に反して、足の震えが止まらない。対戦相手さえ覚えていないほど、僕は舞い上がっていたのだが、その試合、高校生活で忘れられない一打が生まれた。

初打席で、三塁線を抜く二塁打を放ったのだ。ただし、狙いすまして放ったものではなく、左打者の僕にとっては大いに振り遅れて出したバットに、たまたま当たっただけ。満足のいくヒットではないにしろ、この一打は、その先の出場機会へとつながり、やがて、夏のベンチ入りの可能性を高めていくことになるのだから、人の運命というのはわからないものだ。

その年の夏、第84回全国高校野球選手権広島大会。僕は背番号14をいただき、1年生にしてベンチ入りメンバーに選ばれた。硬式野球に取り組んでわずか2カ月半で、幸運にも、夏の広島大会にスタメンで出場することになった。

メンバー入りを目指しながら叶わなかった先輩たちからすれば、自分が目指してきた立場を1年生に奪われることに、不満を持って当然だと思う。だが、この年の3年生は、監督不在の場面でも、どうすればチームが良くなるかを話し合い、強固なチームワークを築くことを目指していた。だから、上下関係の厳しさはあったが、理不尽なことは一切なかった。経験の少ない僕をいつも励ましてくれた。僕自身も、それに応えようと、常に自分を鼓舞した。

広島商で野球漬けの日々

広島商の練習は、他校と比べて格段に時間も長く、ひたすら猛練習を繰り返すものだとよく誤解されるのだが、僕自身はそんなことはないと思う。確かに、素足で砂場を走ったりするのはかなりきつい練習の一つではあったけど、技術面については、基本的なことの反復を、何より大事にする練習だった。

広島商の野球には、パワーヒッターをずらりとそろえて強力打線を形成するということはない。塁上の走者を進めてこそ、得点のチャンスは広がる。そんな、攻撃の大事な場面を左右するバントの技術を身につけることを徹底的に指導された。昼休みのバント練習もその一環だし、正規の練習時間の中でも、そこに多くの時間を割く時期があった。

10人ほどを一組にして何カ所かに分かれ、全員がバントをする。そのメンバー全員が5球連続で狙ったところに決められなければ、その練習は終わらない。誰かが一度でも失敗したら全員でグラウンドを1周して、また一からやり直し。中には当然、バントを苦手とする者もいるから、そんなときはグループ内で教え合い、成功できるように一丸となる。

練習試合では、バントが想定される場面でも、初球からサインは出ない。2ストライクになって初めて指示される。打者は一度のチャンスで確実に決めることを求められるのだ。こうした徹底した練習こそ、いざ大会本番となったときに、その真価を発揮するものだ。チームのメンバーは、重圧のかかる場面でも、ことなげにバントを成功させていた。

また、年間を通してというわけではないが、大きな大会を控えた時期には、朝練習が行われる。午前7時開始なので、学校到着から練習準備を整えるまでの時間を逆算すれば、東区牛田の自宅を出るのは6時がギリギリだ。起床して洗顔、歯磨きを済ませたら、朝食をとらずに登校する。8時までの1時間、野手はノック、投手はランニングに取り組んだ。

まだまだ育ち盛りの年頃だけに、朝練が終わるころには、もう腹が減って仕方ない。着替えを終えたら、まずおにぎりを食べ、そして4限までの授業だ。

昼休みになると、どこの学校でも野球部員は放課後の練習に備えてグラウンド整備に時間を費やす。全員野球が信条の僕たち野球部は、昼食時になると全員が集合し、配達された同じ弁当をいただく。そして、5限開始までの残された昼休みの時間を、グラウンド整備やバント練習に費やした。

放課後、午後4時に始まる正規の練習は、だいたい午後9時ごろまで。練習後のグラウンド整備を終えてから、自主練習に取り組む者もいる。学校を後にするのが10時をとっくに回っているから、帰宅すると日付が変わる手前なんてこともあった。

基本、下校途中はコンビニなどに立ち寄ることは禁止されていたものの、通学路にはたくさんの誘惑が待ち受けている。中には、我慢できずに空腹を満たす者もいたかもしれないが、僕は練習後にプロテインを摂る習慣にしていたので、さほど空腹感に悩まされることはなく、寄り道もせずにひたすら自宅まで自転車のペダルを踏んだ。

家に帰れば、母が食卓に夕食を用意してくれてはいるけど、午後11時を過ぎて帰宅した途端、一日の緊張感から解き放たれた体は、どっと疲れに襲われる。もう、すぐにでも眠りたいばかりだから、麺類など、簡単に食べられるものをいただき、入浴後はすぐ布団にもぐり込んだ。次の日になれば、また動けるようになるのだが、あのころは1日分の体力を100%使い切る毎日だった。

なんだか、これだと授業以外に勉強する時間なんて1秒もない、野球漬けの高校生活だと誤解されるかもしれないが、そんなことはない。確かに、当日は野球部の活動が完全なオフの日といえば、お盆の1日と、年末年始が5日間あるだけだったが、甲子園を目指して野球に取り組む環境とはそういうものだと理解していたから、不満に思うことはなかった。ただ、高校生活のすべてが野球だったのかということについては、少し説明させていただこう。

夏の選手権が終わって3年生が引退した後の夏休みは、連日1日練習で新チームを作っていく。この期間は、1・2年生部員約60人ほどを半分に分け、Aグループは午前中勉強に専念し、午後はBグループがという風に、一日の予定の中に、勉強時間もしっかり設けられていた。

秋季大会を終えて、対外試合のなくなるオフの時期、朝練の時間は、やはり全員で勉強の時間に充てられた。技術練習よりも体力づくりに重きを置くこの期間は、放課後の練習時間も午後7時までに短縮される。単調になりがちな練習なので、チームを作ってリレーで競ったり、グラウンド全体を使って、鬼ごっこやサッカーをしたこともある。そのあと2時間程度、再び全員で勉強に取り組むのだ。

定期試験の期間中もしかり。夏の選手権は、まさに期末試験を終えた直後にスタートするので、1時間から2時間程度の練習は学校から認められていたが、それが終わればやはり全員で勉強をしてから家路についた。

野球だけでなく、学生の本分として、学業も、学校行事も大事にしなさいというのが部の方針であり、僕たち一人ひとりにとっても、この方法で勉強の時間を捻出してもらえたのは幸いだった。練習を終えて帰宅して、いざ一人になると、間違いなく誰も襲い来る睡魔に抗うことはできなかっただろうから。

一方で、広島商野球は「精神野球」と呼ばれることがある。同等の力を持った相手同士で接戦を演じたとき、最後にものをいうのは、勝負所で動じない心の強さや、一球に賭ける集中力だ。今風に言えば、メンタル面に勝った方が勝機を呼び込むことができる。これは確かにある。だから、野球の技術とは別に、精神面を鍛える目的の練習は確かにあった。

夏の選手権を前にしたある時期、広島商野球部は、学校敷地内の「セミナーハウス」で合宿を張る。この大会で決勝まで戦い切るには、最大で7試合をこなさなければならない。炎天下の、真夏のグラウンドはとにかく暑い。体中の水分やスタミナが奪われ、シーズン本番とはいえ、体には一番きつい季節だ。試合が行われる球場も、県内各地に設けられ、組合せによっては、広島市以外の会場で第一試合に組み込まれることもある。

約2週間の期間で同じ高校生が試合するのだから、技術の差はいくらかあっても、体力的にそれほどの違いはない。ベンチ入りメンバー20人をどう起用して、消耗を抑えるか。目標に甲子園出場を掲げるチームなら、監督さんは、トーナメント表を睨みながら、そこに腐心されるだろう。7月に入れば、大会へ向けたコンディションづくりを第一に、練習量は減っていくのだが、それ以前の一定期間、練習量を増やして追い込む時期を各校がそれぞれの方法で設け、徹底的に厳しい練習が行われる。

合宿で、厳しい練習に取り組む毎日。その疲労は、普段の比ではない。その中で、僕たちは、「3時起床」を義務付けられた。昼間の時間がどんどん長くなっていく時期とはいえ、さすがに早朝3時は、あたりも真っ暗な状態だ。眠い目をこすりながら起きたメンバーは、まず平和記念公園までのランニングで体を目覚めさせる。まだ日が昇らないうちにグラウンドへ戻ると、それぞれのポジションに散って、その場で瞑想するのだ。野球の技術に直結するものではないが、いずれ試合で訪れるであろうさまざまな場面で、自分はどうすべきか、何ができるか……。

早朝の静まり返った空気の中で自分と向き合い問いかけることに、精神野球と呼ばれるゆえんがあったのだろう。

「あと一歩」のところまで来た夏

1年生でベンチ入りをし、スタメンで起用された84回大会、優勝候補の筆頭は、何と言っても広陵だった。春の選抜大会に出場した、西村健太朗さん（現読売ジャイアンツ投手）と、白濱裕太さん（現広島）のバッテリーを擁するチームだ。このチームは、翌年春の選抜大会で優勝を果たす。僕の同学年でいえば、現・阪神タイガースの上本博紀が、やはり広陵のレギュラーとしてこの夏の大会に臨んでいた。実力、実績ともに群を抜くライバル校に比べ、わが広島商の低迷は長かった。

１９７０年代から80年代、常に広島の高校野球界をリードしてきた広島商だが、１９８８年、６度目にして最後の全国制覇を果たした後は、夏の甲子園から遠ざかっていた。かつて、広島商が全国にその名を轟かせていた時代、ライバルとして広島の覇権を競ってきたのが、広陵であり広島工だった。

そして、平成に入ってからの広島県内の高校は、近年力をつけ、甲子園に初名乗りを上げた山陽や高陽東、如水館などの台頭で、勢力図が塗り替えられていた。かつて名門と呼ばれた広島商も、幾度となく広島大会の決勝で敗れ、あるいは、周囲の期待に応えることもできず、早々に敗退していく年すらあった。甲子園の常連校が、それまで経験したことのない14年間の空白。「今年こそ」の悲壮なまでの思いは、3年生の先輩たちから痛いほど伝わってきたし、そのメンバーの中で出場する僕も、失敗してはいけないという思いだった。

消耗の激しい真夏の戦いを勝ち上がるには、それぞれのチームに監督の思惑が働き、実力的に下の相手に対しては、主力を温存しながら毎試合のオーダーを組むケースもよくあることだが、こと広島商の方針に限って言えば、初登場となる1回戦なり2回戦から、常にベストメンバーで試合に臨む。どこで足元をすくわれるかわからないし、最善を尽くさず敗退しては、チームづくりに費やされたそれまでの苦労が、何にもならないからだ。

そして、どんなチームも、夏の大会を戦うにあたっては、独特の緊張感に支配されるものだ。そこで、いかに練習の成果を発揮できるかが、勝負の分かれ目をとなる。だから、強いと言われた時代の広島商でも、大差での勝利ばかりではなく、自分たちの野球を貫いた結果が、僅差の勝利となって自信となり、そこから勢いをつけて上り詰めることが多かった。

話を1年生夏の選手権に戻そう。

2回戦の府中との試合で9対0のスコアで発進した広島商は、準々決勝までをいずれも大差で勝ち進んだ。最大のライバル広陵も、他を寄せ付けない圧倒的な強さを見せつけていた。

迎えた決勝戦。いよいよ広島商と広陵が、広島ナンバーワンの座をかけてぶつかることになった。

この顔合わせは、広島の高校野球界では「伝統の一戦」と呼ばれ高い関心を集める。仮にこれが早い段階での対戦であっても、両校とも全校応援で、内野のスタンドは埋め尽くされ、さらに多くの高校野球ファンが詰めかける。決勝で戦うとなればなおさらだ。

試合の前半は広島商ペースで進み、4回を終えた時点で4対0と広陵をリードしていたのだが、6回から広陵の猛反撃が始まる。7回終了時で逆転を許したあと、9回に奪われた4点が、広島商に重くのしかかった。9回、広島商の攻撃も1点を加えるにとどまり、5対9で敗れた。

欠けていた自覚と猛練習

あと一歩のところで甲子園への夢を断たれた広島商だったが、3年生の引退によって、新チームが始動することになった。ところが、夏のメンバーだった僕自身の気持ちの中には、「こういう戦い方をすれば勝てるんだ」という、今から思えば少々慢心した考えが芽生えていたのは事実だった。そして、そんな裏付けのない妙な自信が、チームの戦績に影を落とすことになる。

今思えば、新チームになり、1年生ながらエースナンバーを背負い、一応県内でも名前が知られるようになった僕は、夏の大会に臨んだころのひたむきさが薄れていたのだろう。チームの大切なところを任されているのだという自覚も、今思えばまったく足りていなかった。

相変わらず練習量は他校に負けないほどこなしていたし、そこで手を抜いたとも思わないが、これを「日々のルーティン」として、淡々とこなす日々が続いていた。そこには、自身の課題を克服しようとか、もっとレベルを上げるために自主練習に打ち込もうなどといった意識が欠落していた。

そして迎えた85回大会。この春の県大会でシード権を獲得できなかった広島商は、1回戦から勝ち上がって行かなくてはならない。竹原にコールド勝ちを収めてスタートしたこの大会、2回戦の安芸府中に4対1、3回戦で庄原格致に8対0のコールド勝ちをした後は、4回戦で呉商に3対0、準々決勝で広島工に3対2と接戦をものにし、迎えた準決勝の相手は高陽東だった。

ここで勝てば、2年連続の決勝戦進出だ。相手は広陵になるのかな……。そんな思いで迎えたこの試合、自身のふがいない投球で試合を壊してしまった。1点差で辛勝した広島工戦の疲れがどうこうなど、言い訳のできない内容で、何しろ狙ったストライクが取れないのだ。

正確には覚えていないが、7個か8個は四球を与えたと記憶している。これはもう、はっきり言って自滅だ。試合展開は、よく言えばシーソーゲームだったが、こちらがリードしても、僕が与えた不要な四球はことごとく相手の得点につながり、結局、広島商はベスト4で敗退した。

最後の大会で、今度こそ優勝をと取り組んできた3年生に申し訳ない思いが募り、自分のふがいなさに腹がたった。

自分が奮起しなければ、このままでは勝てないという思いで、野球への取り組みを変えた。変わらなければならなかった。もちろん、新チームとして、自分たちの目標を再確認したり、意思統一を図ることはしたが、僕は今度こそ、本当にチームの柱だと呼ばれるよう、誰に求めるより、一番自分に厳しい練習を課した。当時の投手陣の中で、いや、チーム全体でも、そこからは誰にも負けない練習をしたと自負している。

打者としてもチームの中核を担う立場ではあったが、いつの時代も広島商の野球は、守りを最重視する。まずは投手として、自分に何が欠落していたのか、そこに自らメスを入れ、「走り込み」を徹底した。投手陣のリーダーとして自身が率先しなければ、仲間に示しがつかない。

けっして走ることが好きではなかったし、そこに科学的な根拠があるわけでもなかったが、一球を正確に投げ込む下半身の安定感、ここぞという場面で最大限の力を発揮するためのスタミナを身につけるために、自分を追い込まなければ現状は変わらない。だから、妥協はしたくなかった。

冬の間の投球練習にしても、迫田監督がつきっきりで指導してくださった。実戦から離れるこの時期、ブルペンでの練習は、捕手の構えたところに思うように制球できなければ、マウンドを降りて手渡しでボールを受け取り、駆け戻って再び投げる。狙い通りに、設定した何球かを続けて投げられなくては終わることのない練習を繰り返す毎日だった。

どこかに甘えがあって、日々の練習に流され、それで負けたら後悔が残るに決まっている。だったら、もうこれ以上できないところまでやってみよう。そんな思いで冬を過ごし、最上級生になった。

広島商野球の快進撃、始まる

3年生で迎えた春の県大会。冬場の厳しいトレーニングの結果、広島商野球部は一回り成長してそのときを迎えた。前年の秋まではベンチに入っていなかった選手が頭角を現わすなど、ベンチ入りの枠をかけた選手間の競争も激しくなり、全体のレベルアップに大いなる成果をもたらしたのも要因だ。

例えば、バッテリーを組んだ捕手の宇多村聡は、僕と同様に中体連で野球をしてきた選手で、2年が終わるまではメンバーに入っていない選手だった。「音消し名人」

とからかわれるほど、とにかく捕球時の音が小さい。投手を乗せる「いい音」が出せない男だったが、キャッチングと、走者を刺すスローイングに信頼を置いていた。

こうして出来上がったチームは、全員が「自分たちが積み重ねたことを実践できれば負けないと、自信をもって言い切れるぐらい、それぞれに強さを感じていた。

いよいよ最終学年。先輩たちが成し遂げられなかった甲子園への扉を開く、最後のチャレンジが始まる。春の段階ではあるが、数カ月後の選手権に向けて、チームの力を見せつける機会が、この春の大会だった。

ところがエースで4番打者の僕に、アクシデントが降りかかることになったのだ。


地区予選を順当に勝ち抜き、いよいよ本戦の始まる一週間ほど前だっただろうか。僕は突然の腰痛に見舞われた。体の頑丈さには自信があったが、腰に関しては、それまでも何度か痛みに悩まされた経験がある。軽い「ぎっくり腰」のような痛みと言えばいいのだろうか、腰を回転させると激痛が走り、投球にも打撃にも支障をきたすほどだ。痛みが起きたときには、10mも投げられないほどだった。

「どうしましょう。腰が痛くて投げられません」

もう、ごまかしが効くような体調ではないから、率直に監督に申し出た。幸い、1回戦までの期間で、少しずつでも回復していくだろうし、試合自体が毎週末の開催で時間も稼げる。何度か経験した痛みだったので、長引くものでないことは、自分の体が覚えてもいた。

痛みが取れるまではノースローで様子をみて、大会期間中でのスタメン復帰を目指そうということになったのだが、県大会の開幕直前に伝えられた組み合わせ抽せんの結果、1回戦の相手が、なんと広陵に決まったのだ。

僕が高校生になってここまで、広陵は、春と夏合わせて4度の甲子園に出場し続けている、当時最強のチームだ。広陵に勝たずして、広島のナンバーワンにはなれない。意識するなというほうが無理というものだ。

厳しい練習を乗り越え自信をつけた今、万全の調子でこの対戦に臨めば、広陵打線を抑える自信はあった。だが、腰の痛みで満足に走ることもできないし、何より、従来のフォームではボールが投げられない。

改めて、監督と「どうする?」と話し合いをもった。あと三日ほどで腰の状態が劇的に改善することはないだろう。オーバースローで投げるのは無理だ。ただ、肘を下げて横手で投げてみると、不思議と腰に影響がなかったので、急造のサイドハンド投手として先発登板することになった。球威は落ちるし、変化球も狙いどおりには投げ込めないかもしれない。だけど、やるしかなかった。

試合当日、やはり腰の調子は思わしくなかったものの、開始前のブルペンを見て、広陵ベンチがざわついているのが分かった。

「岩本がサイドで投げとる。どうしたんや!」

相手からすれば、「対岩本」を想定した打撃練習を積んでこの試合に臨んだはずだし、ここで広島商を破り、一気に勢いに乗りたいという思惑もあっただろう。ところが、その相手が、まったく想定外のフォームで投げてくるのだから、それは意表を突かれたに違いない。

この試合、広陵打線が僕を打ちあぐんでいる間に、味方打線が大量得点を挙げ、終わってみれば12対2のコールド試合になった。さすがに、だましだまし9回を投げ切ることは不安があったので、これは助かった。

予想外の大勝で発進できた広島商は、その後順当に勝ち上がった。腰の調子も日を追って良くなっていったので、チーム一丸で春の頂点を目指した。期間中、すべての試合を投げ切ることはなかったが、登板する各投手が、それぞれベンチの期待を裏切らない投球をしてくれたことも、好結果につながっていた。

準々決勝の広島国際学院との試合は、中盤まで互いに得点を挙げられず、形としては投手戦となった。ただ、僕には1点も与えない自信があったし、わがチームの打線ならこの均衡を破ることができるという信頼感もあった。結果、中盤以降に挙げた1点を守り切り、ベスト4へと駒を進めた。

そして準決勝は、昨夏と昨秋、続けて敗れた高陽東だった。チームにとっても、リベンジを果たしたい相手だったが、変に気負うこともなく試合に臨むことができた。自身が必要以上に意識しなくても、ここまでの戦いで、チーム自体が大きく成長していたからに他ならない。結果、ここを9対2で勝ち抜いた。

福山市民球場で行われた決勝戦の相手は広島工。僕自身も本塁打を放ち、3対0で勝利した。

春季大会を制した広島商は、夏の大会のシード権を獲得し、優勝候補ナンバーワンと評されるまでになっていた。心を入れ替えて取り組んできたことが成果となって表れたことで、どこにも負ける気がしない自信は、確信にさえ変わった。

16年ぶりの、夏の甲子園も夢ではない。そうして臨んだ春の中国大会で、自分に足りていない一面を思い知らされることになる。それは、中国大会が開催された岡山での出来事だった。

監督の一言に目覚める

迫田守昭監督は、とにかく野球に精通されていて、研究熱心。広島商野球部自体はもとより、他校の戦力を細かく分析し、戦い方を導き出す人だった。普段の練習試合から、常に試合を撮影した映像をもとに、打者の得意な球種やコース、バッテリーの配球まで、すべて一人でデータを取り、徹底的に分析した結果をミーティングで指導される。試合に入れば、あれこれと口頭で指示されることはなかったが、きちんとサイン通りに遂行すべき、バントや走塁のミスなどには厳しかった。

もちろん、この中国大会でも同様に、試合の様子はスタンドに設置したカメラで撮影していたのだが、ある試合の後、監督の部屋に呼び出され、テレビ画面に映し出される映像を前に注意を受けた。というか、かなり厳しく叱責された。

「野手のエラーに不満な態度をとっていてはダメだ」

その映像には、味方のミスに対して明らかに不満の表情を浮かべる自分が映っていた。エースで4番、攻守にわたってチームの中心選手であるということが、いつしか自分で意識しないうちに、不遜な態度を取るようになっていた。僕たちの代は、部員同士の皆仲が良かったし、それがチームワークの礎になっていると思っていただけに、正直ショックだった。

その日を境に、気持ちを改め、バックを信じてマウンドに上がるよう心掛けた。もともと、徹底した守備練習で出来上がったチームだ。個々の力が高かったので、投手である僕が要求どおりの球を投げられれば、打球がどの方向に飛ぶのか、野手は予測して対応できる力を持っていたし、野手に対して感謝の思いをもって投げれば、彼らもまた、僕に遠慮することなく伸び伸びとプレーしてくれるようになった。

こうして、信頼で一つになることができたチームだったが、今度は夏の大会を前に、また別のアクシデントに見舞われた。ショートのレギュラーだった高畑伸矢が、試合中の守備で左の鎖骨を骨折してしまったのだ。

大会目前のチームにとって、レギュラーに故障者が出ることは何よりも痛手だ。高畑は、僕が最も信頼していた選手で、彼が後ろを守ってくれていることの安心感は、誰にも替えることができない。守りの野球を信条とする広島商にとって、彼が欠けることのダメージは計り知れなかった。

控えの選手をやりくりしながら、練習試合を重ね、チームは彼の復帰をじっと待った。そして大会直前、本当にギリギリのタイミングで戻って来てくれることができた。これで、万全の状態で夏を迎えられる。

16年ぶりの広島の頂点を目指す

この年の梅雨明けは全国的に早く、雨のために大会の日程が左右される心配はなかったが、7月後半ともなるとその暑さは厳しいものだった。日本中が「猛暑」に見舞われ、東京での最高気温が40℃目前にまで上昇した。多くの高校野球ファンが見守る夏の大会は、高校球児にとって最高の舞台であると同時に、優勝への道のりが最も過酷でもある。

第86回全国高校野球選手権広島大会。

春以降も厳しい練習を続けてきたチームは「これだけやったのだから、負けても後悔しない」と言えるところまで、一回りも二回りも成長していた。

この年のチームは、1番から3番までが、とにかく自身の役割を果たすことに長けていた。じっくりと球を見極め、高い確率で出塁した1番を、2番が確実に送る。3番は得意の右方向への打球でチャンスを切り開き、4番である僕の打席は、一死3塁1塁、悪くても二死3塁で回ってくることが多かった。エースナンバーをつけ、4番打者として最終学年の夏を迎えた僕だが、余計な力みを感じることもなく、すんなりと大会に入っていくことができた。

大会への入り方もそうだが、独特の緊張感に支配される初戦は、どんな強豪でも自分たちのペースで試合を運ぶのは難しい。現に、春の県大会の結果、シード権を得たチームのうち4チームが、初戦となる2回戦で姿を消していった。春の県大会で決勝を戦った広島工も、昨年まで苦しめられた高陽東も、その中にあった。本当に夏は何が起きるかわからないのだ。

波乱含みの中で始まった、甲子園を目指す戦い。2回戦の松永戦を8対0の7回コールドで発進した広島商は、3回戦の福山商、4回戦の尾道にも二ケタ得点でコールド勝ちを収める。そして迎えた準々決勝の相手が、3大会連続の広島制覇を狙う広陵だ。

春の県大会では1回戦で広島商が勝利していたので、今大会をノーシードで迎えた広陵だったが、若いバッテリーを擁して、ここまで勝ち上がってきた。当然、春の雪辱を胸にこの対戦を迎えたであろうことは想像に難くない。

しかも今回は、この対戦を制した方が夏の覇権に大きく近づくと言われていたから、球場は異様なムードに包まれていた。

試合は序盤から動く。1回に2点を先制されたものの、その裏、広島商が同点に追いつく。一度はリードしてみせたが、3回には再び同点と広陵が粘りを見せた。しかし、その裏に2点を加えて再び広島商がリードしてからは、中盤以降、両チームとも得点を挙げることなく推移した。

結果、8回に1点を追加した広島商が、7対4で広陵を振り切り、ベスト4へと駒を進めた。あと二つで、目指してきた甲子園に手が届く。ただ、夏の大会には、優勝候補と言われたチームが早々に敗退してしまうように、目に見えない力が働き、いわゆる「旋風」を巻き起こすチームが出てくるものだ。

実際に、最も苦しい戦いを強いられたのは、準決勝の国泰寺戦だった。国泰寺は、実に56年ぶりに、広島大会のベスト4に進出してきたチームだ。能力の高い選手も多く、確かに強かった。ただ、日々の練習にかなり時間的な制約があるチームで、積んできた練習量は、広島商よりはるかに少ない。だから、普段通りの試合運びをすれば勝てるとの思いは、確かにあった。

ところが、いざ試合に入ると、まったく互角の展開となった。相手の打線は確かに力強く、守りも固かった。広島商はわずかなリードを保ってきたものの、終盤の7回には、ついに追いつかれ、8回を終わって3対3の同点だった。

野球というスポーツには、見ていてもはっきりわかる「流れ」がある。その時点での勢いからすれば、間違いなく、追いついた国泰寺に分があった。この大会、それまで意識しなかった「負け」という言葉が、一瞬頭に浮かんだ。でも、この流れを断ち切るのは自身の投球にかかっている。仮に延長戦に入ったとしても、味方打線が必ず必ず勝ち越してくれると信じ、投げ切るしかない。

結局この試合は、広島商が9回に3点を追加し、国泰寺の追い上げを振り切って決着した。苦しんだ末の決勝進出。あと一つで、目標に定め追い求めてきた、広島の頂点に立つことができる。

猛暑の中続いた大会もいよいよ決勝戦の日、相手は如水館。広島商、迫田守昭監督の実兄、迫田穆成さんが率いるチームだ。これは、当時から自分の中で抱く二人の印象だが、その采配ぶりはまったく異なる。

徹底的なデータ重視でゲームプランを立て、それを貫く守昭さんと対照的に、穆成さんの野球は、試合の流れの中で臨機応変な対応というのだろうか、作戦にしても選手の起用にしても、勝負どころを外さない試合運びをするというイメージがある。投手をできる選手が何人もいて、小刻みな継投で相手の攻撃をかわす起用も独特だった。

現にこの大会でも、苦戦しながらも終盤に試合をひっくり返して勝ち上がって来ていた。準々決勝の賀茂戦ではサヨナラ本塁打で勝負を決め、準決勝の近大福山戦では、8回に打者12人を送り込む猛攻で大量7点を挙げ、逆転勝ちを収めていた。こういう勝ち方が続くと、チームにはがぜん勢いがつく。話題となる兄弟監督対決は今回が2度目で、穆成さん率いる如水館が1勝している。

試合は、1回から4回まで広島商が毎回の得点を重ね、試合の序盤を支配した。そして迎えた5回には、一挙6点を挙げて大勢を決める展開となる。とかく長打が注目されていた僕は、入学以来、左方向への打球を意識して打撃に取り組んできたので、広角に打ち分けることを信条としてきたし、そこまで積み重ねてきた通算55本の本塁打も、打球を確実に捉えることの延長に生まれたものだと思っている。

ただこの試合に限っては、得点差もあったし、監督としては、僕に完投を求めたかったのだろう。

「本塁打を狙ってみろ。それができなければ三振してこい」

と指示が出た。投げることを優先して体力を温存するようにという監督の親心だったのだが、その一言で闘志に火が点いた。三振なんかするものか、だったらスタンドに放り込んでやる――。

何打席目だったか、初めて狙って打ちにいった結果、それは高校最後の本塁打となり、打球は無人の外野スタンドで跳ねた。

終盤、如水館の反撃に合い、3イニングで6点を返されたが、前半に奪った点差がものを言い、広島商は13対9で如水館に勝利。16年ぶり22回目の甲子園出場を決めた。

この大会をピークにもっていくことができた僕自身も好調で、6試合すべてに登板し35イニングを登板。打っても、3本塁打を含む13安打、打率.565という数字を残すことができた。

あっという間に終わった甲子園

これで、広島商を久しぶりに甲子園に導くことができた。マウンド上にできた歓喜の輪がとけ、閉会式を迎えたころには、少し冷静さを取り戻していた。僕は、喜びに沸くスタンドを見渡しながら、「ああ、よかった。本当に勝ったんだ」という思いを噛みしめた。その先の、甲子園で戦う自分たちの姿を想像してワクワクするよりも、安堵感に支配されていた。

試合後、学校へ戻り行われた優勝報告会までは覚えているのだが、その後、帰宅して以降のことは記憶にない。家族やお隣の荒谷さんたちがこの大会をねぎらってくれたと思うが、それが思い出されないのは、自分たちの中で義務付けた優勝を果たしたことで、よほど肩の荷が下りたためだろう。

甲子園出場を決めた7月25日以降、甲子園へ向け出発するまでは、実に慌ただしかった。再度、試合ができる状態にチームを作り直さなければいけないし、各関係機関への挨拶まわりや訪問、必勝祈願など、行事が目白押しだった。

この年の甲子園は、東北（宮城）のダルビッシュ有や、横浜（神奈川）の涌井秀章など、投げては150キロをマークするような超高校級の投手が注目を集め、創部からわずか3年の済美（愛媛）が春夏の連覇をかけて進出するなど、話題に事欠かない大会だった。済美の2年生エースは、のちにカープでチームメートとなる福井優也だ。

できるだけ広島で調整してから甲子園入りするという迫田監督の方針で、甲子園練習の直前に現地入りするスケジュールだった。

はじめて足を踏み入れた甲子園球場の第一印象は、とにかく広いということ。これまで見てきたどの球場も、その比ではない。内外野のスタンドは360度山のようにそびえたち、巨大な「すり鉢」の底にグラウンドがある感じだ。マウンドは思ったほど高くなく、投げやすそうだ。

甲子園練習の時間は限られているので、専らノックや投内連携などでグラウンドの感触を確認することに費やされたが、やっと、この場所にやって来たんだという実感がわいてきた。

臨んだ8月4日の組み合わせ抽選会。広島商の日程は大会一日目。つまり、開会式当日の第2試合で、対戦相手が浦和学院（埼玉）と決まった。調整に時間をかけられない日程に、正直「早いな」とは思ったが、決まったことは仕方がない。浦和学院が地方大会で残したチーム打率．411は、広島商と互角だ。攻撃力が同じなら、勝負のポイントは投手だ。いかに無駄な失点をせず、打線の援護を待つことができるかにかかっている。

8月7日、開会式。高校野球の熱心なファンには、「開会式を見ずに始まらない」という人が多い。この日も、甲子園球場には朝早くから多くの人が詰めかけ、そのときを待っていた。第一試合を戦う高校の応援団もアルプススタンドを埋め尽くし、舞台の準備は整った。

広島商の応援団も、球場周辺のどこかに到着していることだろう。

入場行進に臨む選手はというと、一塁側アルプススタンドとライト側外野スタンドの間にある通路付近で待機して、そのときを待っている。各チーム、地元のテレビ局や新聞社の取材陣が取り囲み、かなりのにぎわいだ。全国の地方大会を勝ち上がってきた選手がそろっているのだから、凄い選手がたくさんいるのは当然だが、その中でも東北高校のダルビッシュは注目度ナンバーワンだった。

この日も気温が高くなりそうだ。大きな拍手が鳴り続くなか、始まった開会式。全員で歩調を合わせて行進しながら、広島県代表として恥ずかしい試合はできないぞという思いが一層強くなっていく。この数時間後に控える試合をあれこれイメージしながら、セレモニーは過ぎていった。

第1試合の天理（奈良）と青森山田（青森）が延長12回の大接戦を繰り広げ、大会初日の甲子園は大いに盛り上がった。

二日目以降の日程なら、各チーム割り当てられた練習会場で調整をした後、予定されている試合開始時間に合わせて球場入りするのだが、開会式後の二試合目は、球場で待機しなければならない。甲子園球場の屋内練習場で軽めの調整を済ませて、開始予定時間を過ぎた第2試合に備える。リラックスしておくようにと指示されたこの時間も、落ち着かないというのか、どこかふわふわした気持ちで流れて行った。

そして迎えた甲子園での戦い。試合開始の礼と同時に、球場は大観衆の唸るような歓声に包まれた。広島商は後攻。僕はきれいに整備された足跡ひとつないまっさらなマウンドに登った。初めて目に飛び込んでくる甲子園の風景。これまで経験したことがないほど、緊張しているのが分かった。

1回表、先頭打者を内野ゴロに打ち取って立ち上がったが、四球を与えて出した走者への牽制球が大きくそれ、三塁を与えてしまう。明らかに、肩に力が入っていた。なんとか二死にこぎつけたものの、4番打者の安打で先制点を奪われてしまった。序盤で試合の流れを渡すことはできない。気持ちを切り替え、続く5番打者は三振。幸いこの回は最少失点で終えることができた。

その裏、広島商の攻撃。これまで広島大会で機能した、自慢の上位打線が持ち味を発揮する。1番、2番と出塁し、3番が犠牲バントを決める。走者二人を得点圏に置いたところで、初打席を迎えた。一打で逆転可能な場面だ。

しかし、ここで浦和学院が取った策は敬遠。空いている一塁へ歩かされることになったが、それでも満塁のチャンス。ここで一打出れば、逆転してなお、相手にプレッシャーを与えられる場面だったのだが、後続が併殺打に打ち取られて、結局、得点を挙げることはできなかった。

以降、4回に本塁打と適時打で2点を追加された。浦和学院に対して、広島商は5回まで無安打。7回には、先頭打者の僕が安打を放ってなんとか反撃に転じ、相棒の宇多村の安打で1点を返すことができた。ようやく地に足が着き、自分たちの野球ができるようになり、残すイニングに希望をつないだ。しかし走者を迎え入れることは叶わず、1対3で敗戦した。

試合時間にして、わずか2時間余りだったと思う。広島商は16年ぶりの甲子園での勝利を挙げることはできなかった。ただ、僕自身は、自分の力を出し切った試合だったので、さほど悔しさがこみ上げることはなく、マスコミのインタビューでも冷静に試合を振り返ったと記憶している。

甲子園球場という場所は間違いなく、高校球児にとって、目指すべき最高の舞台だった。ベンチ前の土を持ち帰ることもしなかったが、形で残すよりも大事な「記憶」として、この夏の経験は忘れることがないだろう。

プロ？　大学？　社会人？　迫られる選択

なんだか夢のように、あっという間に目の前を過ぎて行った甲子園大会から戻った僕たちには、新たな道の選択が待ち構えていた。この時点で、3年生は野球部を引退となるので、ここから先の高校生活では、真面目に「進路」のことを考えなければならない。

野球は高校で終え、新たな道でその先を目指す者、社会人や大学で、さらに上のレベルに挑戦する者と、目指す方向はさまざまだ。

僕も、これから先どんな環境で野球と向き合うべきか、監督と話し合う時期を迎えていた。思えば、夏の大会が始まる前から、監督の元にはいろんな方面からお誘いの声がかかっていたのだろう。まずは大会に専念させるため、僕に対しての情報はシャットアウトされていたが、いざ面談に臨むと、監督の口から出た言葉は、「プロ志望届を出しなさい」だった。

……ということは、プロ球団からドラフト指名を受ける可能性が伝えられているのか。どこの球団からの話なのかは聞くことはなかったが、自分では、今の実力のままプロの道に進んでも、成功できるとはとても思えなかった。

「無理です。大学で野球を続けたいです」

と、正直な思いを伝えた。これは、高校を選択した時と同じように進学先の情報に疎い僕にとって、例えば東京六大学のどこかとか、東都リーグの大学とか、特に希望を持ってのことではなかった。だったら、4年間待たずにプロへの道も開ける社会人チームに入ってはどうかと監督には提案された。その考えも、自分の選択肢にはなかった。

そのときはただ漠然と、大学でもっと野球の技術を磨きたい程度の思いしかなかった。けれど自分がここまで成長できたのは、間違いなく広島商野球部の厳しい練習があればこそで、その厳しさとレベルの高い環境を求めていた。

長い話し合いの末に、進学への強い希望を伝え了承された。迫田監督からは、広島商OBが指導する二つの大学が、進学先の候補として示された。

一つは、東京六大学野球リーグに所属する法政大学。55大会の甲子園優勝メンバーで、大学卒業後、三菱重工広島で活躍し、広島商の監督も務められた金光興二さんが指揮を執る。

もう一つは、東都大学野球連盟の亜細亜大学で、当時は、1978年から長く監督として指導されてきた内田俊雄さんが、総監督として在籍されていた。

どちらの大学も輝かしい歴史と、多くのプロ野球選手を輩出してきた名門中の名門だ。それぞれに厳しさも、そこで野球をすることで得られるものもあるはずだ。

所属リーグを問わず、大学野球の有力校は夏の甲子園大会が終わるころから、入部希望者のセレクションを実施し新戦力を獲得する。高校からの推薦条件には、甲子園大会への出場の経験や地方大会の成績が考慮され、指定された日程で実技テストなどが行われる。

　幸い両大学から推薦を頂けるとのことだった。広島商への進学の際にも、私立強豪校との二者択一に結論を出したのは自分自身だ。プロとして通用する自分を鍛え上げるための場を求めるために、妥協できないところだった。

　進学先の候補をこの二つに絞り、自分の目で確かめて、結論を出したいと監督にお願いした。

　秋になり、進学先について最終的な決断を出すべきときが迫っていた。僕の中には、亜細亜大学の野球が自分に合っているという実感があった。ほぼ気持ちは固まっていたのだが、当時、部員の不祥事が起きた亜細亜大学野球部は、東都リーグ2部への降格と、半年間の対外試合禁止の処分を受けていた。この状態で、入学して良いものかと、毎日のように迫田監督と話し合い、隣の荒谷のおっちゃんにも相談する日々を重ねた。結局は、自分が後悔しない大学を選ぶことが一番だという結論に行きつくのだが、それでもなかなか答えを導くことができないでいた。そんな時、背中を押してもらったのは、迫田監督のこの一言だった。

「今、こんなときだからこそ、お前は亜細亜に入学するべきじゃないのか?」

気づけば12月に入っていた。時間はかかったが、監督の言葉で「自分が後悔しない進路は亜細亜大」と決断できた僕は、同時に、待ち受けているであろう厳しい環境の中で、絶対にやり遂げる覚悟を決め、卒業までの時間を、大学で野球をするための体づくりに費やし、入学のときに備えた。

卒業までの期間、特に義務付けられたメニューではなく、基本的には独自でトレーニングを積んでいった。同級生で、野球部のマネージャーだった土本紘平がパートナーを務めてくれて、練習に付き合ってくれた。投げるにしても打つにしても、相手がなければできないことが多かったから、とても助かった。

現役と混じって練習をさせてもらうこともあったが、当時の1年生部員だったのが、福岡ソフトバンクホークスの柳田悠岐だ。今や、球界きってのスーパースターだが、彼が1年生のときに上級生を脅かす存在だったかと言えば、そうではなかった。僕の代のベンチ入りメンバーは、ほぼ3年生で組まれていたから、実は、現役時代、彼の存在を知らなかった。柳田と初めて会ったのは、大学生の僕が夏休みで帰省したときだと記憶している。昔からお世話になっていたスポーツショップで、広島経済大学の野球部員としての出会いが最初だった。

高校生活に別れを告げる卒業式。次なるステップに踏み出すことへの期待や不安が混在する時期だったが、たくさんの思い出を残した高校生活との別れには、やはり寂しさを禁じ得なかった。高校時代のクラスは8クラスあって、僕は6組。このクラスは、野球部をはじめ、卓球部やバスケットボール部、女子バレーボール部など、運動部の生徒が集まっていて、みんな仲が良かった。それぞれの道に進み、社会人となった今では、なかなか集まることが難しくなったが、苦しくも充実した高校時代を共に過ごした仲間は、一生の宝物だ。

〔第3章〕 プロへの扉

がんちゃん

高校時代を超える厳しさの中で

僕が進んだ亜細亜大学について少し話しておこう。大学の本部は、東京都武蔵野市にある。JR中央線の武蔵境駅が最寄り駅で、駅二つほど新宿寄りには、若者に人気の町、吉祥寺がある。

では、野球部の寮と練習場はどこかというと、そこから中央線を西に走り、立川駅で青梅線に乗り換え、さらに拝島駅で五日市線に乗り換えて4駅ほどのところ、武蔵引田駅で降りて徒歩10分という、東京都西多摩郡日の出町だ。

ここを初めて訪れたときのことはよく覚えている。立川まではさすがに「都会」のイメージそのままなのだが、ここで乗り換えてから一気にその雰囲気は変わるのだ。

特に、拝島駅で乗り換える五日市線は、単線のうえ、どんどんのどかな風景に変わっていく。寮があると聞いたその周辺も、ほぼ民家はなく、一面に畑が広がっている。東京＝都会のイメージを抱いていただけに、これはある意味「カルチャーショック」ではあった。

野球部員が寝食を共にする「日の出寮」は、専用グラウンドの左中間の向こう側に隣接した建物で、4年生から1年生まで、各学年1人ずつの4人部屋で生活する。僕の部屋の最上級生は松田宣浩さん（現福岡ソフトバンクホークス）だった。

こういう縦社会の縮図のような場所で暮らす以上、1年坊主は、いわゆる「部屋子」として、上級生の使い走りや身の回りの世話をするもの。でも当時から誰とでも分け隔てなく接し、しかも底抜けに明るい「熱男」のイメージそのままの松田さんには、特に用事を命じられることもなく、むしろ、とても優しくしてもらった。松田さんと過ごす部屋はとても居心地が良く、リラックスできた。その分、僕は隣の部屋の先輩からわざわざ呼び出され、あれこれ使いに走らされたものだ。

松田さんは、グラウンドでもとにかく目を引く選手だった。打てば、どこまで飛ばすんだというくらい打球が伸び、肩も群を抜いて強かった。サードで華麗な守備を見せたと思ったら、悪送球があっという間に1塁側のスタンドに飛び込むこともしばしばあった。そのたびに「悪い悪い！」の一言で済まされるのは、彼だからこそだ。同級生も下級生も関係なく、明るく声をかけ、チームの中心で輝きを放つ。まさに天性のリーダー。こういう人がプロになるんだなと感じていた。

そして、練習の厳しさでは定評のあるチームながら、大学4年間で必要な単位は必ず取得することも義務付けられた。野球に専念するあまり学業が疎かになることは許されず、もし単位を落とせば、野球をするどころの話ではない。

一般的に大学生は入学後、必修科目以外は自分の意志で履修する科目を決め、単位を取得していくものだが、亜細亜大学の場合は、野球部員が経営学部と経済学部に集中していたので、自分の意志に関わらず受ける授業が指定されていた。

野球部員の一日は、寮内に流れる「起床」のアナウンスに始まる。そのアナウンス1回で起きない先輩を起こすのは後輩の役目だ。全員で掃除をし体操と次から次へ、分刻みで日課をこなしていく。

月曜日から水曜日までは、1時限目から6時限目までびっしり大学の授業だ。空き時間を作らないようにして過ごせば、時間を無駄使いせず授業を受けられるし、そうして生まれる授業のない日は、丸1日を練習に充てることができる。学年が進んで2限目（10時40分開始）の授業から始まる日は、午前7時から9時まで朝練習をして、大学へ移動するのだが、乗るべき電車の時間もきっちり決められていた。

乗り換えの時間や、最寄駅から歩く時間を含めて1時間以上かかる距離だ。それを守らないと、練習開始時間に間に合わないのだから必死だった。

1週間に1日設けられた練習休みも、当然ながら授業に出る日なので、のんびり過ごすことはできない毎日だった。門限は午後10時だったので大学から寮へ帰る途中の、ちょうど中間あたりに位置する立川でごはんを食べるのがせめてもの息抜きだった。新宿や渋谷に出かけようものなら、まず門限に間に合わなかっただろう。

リーグ戦中に設けられたオフの日でも「起床」から始まる朝の日課は変わらず、さらにグラウンド整備や、周辺地域の清掃などがこれに加わるから、午前中はほとんど全員での行動に費やされた。

目覚めたそのままの勢いで、午前中を自主練習の時間にする者も多く、それが済んでからようやく、遊びに出かけるなり、昼寝をするなり、束の間の自由時間を過ごすことができた。

こうした厳しさは、亜細亜大学伝統のもので、当時の監督である生田勉さんの指導にも随所に見られた。生田さん自身は、「闘将」の言葉がぴったりタイプの人で、普段は温厚なのに、グラウンドに出ると人が変わる。選手を殴ることはなかったが、練習中や、練習試合の場では、いつも厳しい言葉で指導されたものだ。

そして何より、野球を離れたときの私生活がきちんとできていないと、輪をかけて厳しかった。練習が終わって自室でくつろいでいるときも、いきなりドアを開け、部屋が散らかっていようものなら、「出ていけ!」ぐらいの勢いで猛烈な説教が始まる。気が休まる暇はなかったが、一方で、きつく指導しても、そのまま放っておくことはなく、必ずその後のフォローをしてくれる人だった。熱く、そして情もある、そんな生田監督のおかげで、寮内の規律も守られたし、チームが同じ方向を向くことができたのだと思う。

一塁手と兼任しながら、高校時代ずっと投手だった僕は、亜細亜には投手として入部したわけではなかった。練習に入ったとき、先輩マネージャーから「投手と野手に分かれて」と指示され、なぜか僕は自分から、野手組に入って練習することを希望した。仮に、投手組に入っても、やがて野手へコンバートの可能性はあったのかもしれないが、その日を境に野手に専念することになる。

同期は20人ほど。このメンバーの中には甲子園組も何人かいて、テレビや新聞報道でその名を知っている者もいた。

そこから1年生、2年生の間は、一度も投手の練習をすることはなかった。1年では一塁手、2年には外野も兼任していて、久しぶりに投手の練習をすることになったのは、3年生になってからのことだった。

僕の背番号は「9」。亜細亜大学と言えば、上下縦縞のユニフォームにローマ字で「ＡＳＩＡ」と縫い付けられたものが有名だが、これは公式戦で着用する、いわば

「正装」で、それ以外の練習試合では、上下のカラーが異なるセカンドユニフォームを着用する。公式戦用のユニフォームは部のものだ。高校時代のように、大会ごとに選抜されたメンバーがゼッケンを受け取り、背中に縫い付けるのとは違い、数字が背中部分に直接圧着され、刺繍が施してある。

原則、1年時につけた背番号を、そのまま4年生まで使用する。卒業した4年生がつけていて、空き番号をそれぞれ選んで、自分のものとするのだ。ただし「1」については、キャプテン番号なので、毎年、背負う人間が変わるからだ。

この公式ユニフォームも、1点ものながらそれぞれサイズが違っていて、「L」から、その3サイズ上ぐらいまでさまざまある。だから、希望の番号があっても、着用感が体に合わないとなると、諦めるしかなかった。

大学日本一に輝く

春と秋、年に2度開催されるリーグ戦の舞台は、「大学野球の聖地」神宮球場だ。

東京六大学リーグが土・日曜を使って開催され、僕たち亜細亜が所属する東都リーグは火曜日と水曜日が試合日に充てられていた。

ただ、土・日曜が雨で試合が順延されると、六大学リーグの日程が平日にずれ込んでくることもあり、試合日は流動的なものだった。神宮は、プロ野球・東京ヤクルトスワローズの本拠地でもあるので、大学とプロが同じ日に球場を利用することもある。この「併用日」には、大学の試合開始が1時間か2時間早められ、ナイトゲームの開催に支障をきたさないよう配慮されていた。とはいえ、試合時間が長引くことも当然ある。プロになった今、ビジターとして神宮を訪れるが、この併用日には、練習時間が満足に取れないケースに備え、ヤクルトの屋内練習場で試合前の練習をしている。

大学野球の公式戦と言えば、校歌や応援歌を高らかに歌いながら母校のプライドをかけた応援合戦を想像されると思うが、東都リーグの試合において、東京六大学と同様の風景を想像されると少し、いや、随分とその差がある。

早稲田大学や慶応義塾大学のように伝統ある応援団がスタンドを統制し、ＯＢも一般学生も一緒になって大声援を送るイメージとは程遠いのだ。構成されるのは、数名の応援団員と、メガホンを手にしたメンバー入り以外の野球部員が中心で、あとは一般のお客さんがわずか。吹奏楽部が応援に来てくれることもあるが、授業優先で叶わないときは、スタンド組の「口ラッパ」が代わりを務める。

平日開催なので無理はないが、東都リーグではそれが普通の光景だ。東京六大学の早慶戦を初めて観戦に行ったとき、外野スタンドまで埋め尽くされた観客の多さと熱気に、唖然とし、感動さえしたものだ。

1年生の秋、チームが公式戦への復帰を果たした秋のリーグ戦で、僕は一塁手・4番打者として起用された。結果2部で優勝し、入れ替え戦に勝利した亜細亜は、1部へ返り咲くことができた。

2年生の秋、亜細亜は東都リーグを制し、大学日本一を決める神宮大会への出場権を得た。この年の東都は、青山学院大学が優勝候補と注目されていて、そのメンバーはそうそうたるものだった。4年生には東都のナンバーワン投手、高市俊さん（元東京ヤクルトスワローズ）をはじめ、円谷英俊さん（現読売ジャイアン三軍コーチ）など、プロに進む逸材を4人も擁し、3年生には小窪哲也さん（現広島東洋カープ）がいた。このチームに勝てたということが、何より誇らしかった。

この結果、出場権を得て進んだ神宮大会。青山学院に勝って東都を制した亜細亜は、優勝候補として挙げられていた。そこは一発勝負のトーナメント戦だから厳しい戦いには間違いなかったが、チームには自信と勢いがあった。全国の各地区を勝ち抜いてきた代表が集うこの大会で、亜細亜は決勝で早稲田大学を破り、日本一になった。

優勝を果たした後、日の出寮に戻り、ささやかながらグラウンドで祝勝会を開いた。ビールかけだ。プロのそれとは規模が違うが、瓶や缶を何本かずつ集め、優勝の喜びをはじけさせた。都内の大学としては決して規模の大きくない亜細亜だが、学内を優勝パレードして祝福を受けたのも、大学日本一になればこそのご褒美だった。

この秋、東都で自身最高の数字を残した僕は、3年・4年とそれを凌ぐ成績を残すことはできなかったが、レギュラーとしてセンターのポジションを守り続けた。

大学に進んで以降、完全に野手として取り組んできたが、3年生になって、久しぶりに投手の練習をすることになった。メジャーに渡った大谷翔平選手が、プロの世界で「二刀流」をこなして見せたが、そこまで大それたものではない。球速こそ、高校生のころよりも伸びて146キロぐらいは投げられたが、リーグ戦で投げたのは、3年生のときと4年生のときでそれぞれ一度だけ。ベンチの考えとしては、投手としての体の使い方を思い出すことで、送球面の精度を上げさせようという狙いがあったのだと思う。

野手として中軸を任されながらも、自身は決して本塁打を量産するタイプではないから、それはあくまで安打の延長にあるものだと割り切ってはいたが、3年春のリーグ戦では、四球と犠牲フライを挟んで、4打数連続の本塁打を放つこともできた。大学生活の最後となる秋のリーグ戦を終え、放った本塁打は、リーグ歴代4位となる、通算16本。ベストナインにも3度選出された。

厳しさで定評のある亜細亜大野球部でレギュラーを張り続け、高いレベルのリーグで残すことができた実績は大きな自信になったし、プロへの道のりで大学野球を選択したことは間違いなかったと確信できるようになっていた。

現役中はプロ野球のスカウトと直接関わることは禁じられていたが、プロの球団、それでもカープが、僕に興味を示してくれているのは知っていた。しかし、2年生のときが成績のピークでもあったから、それを超えられないでいた自分が、プロの世界でやっていけるかどうかの不安があったのは確かだ。

仮に、ドラフトでの指名がカープ以外の球団でも、指名を受ければお世話になるつもりではいたが、やはりカープが理想ではあった。広島の野球少年が誰しも一度は夢に描く、カープの選手。山本浩二さんもそう、金本知憲さんも、新井貴浩さんも、夢を自分の手で現実のものにしてきた故郷の大先輩だ。

ここまでの人生の選択場面では、最終的にはすべて自分の意志で答えを出し、進路を決めてきた。ただ、今回に限っては、自分は「選ばれる」立場だ。プロとして野球をする立場をいただけるのなら、憧れの選手と同じユニフォームに袖を通したい。そう願いながら、まずは4年間の集大成、目の前のリーグ戦を戦い抜くことに集中した。

カープからの1位指名

4年秋の東都リーグが終盤を迎えたころ、次なる人生のターニングポイントに向けて、運命が動き出した。広島商から亜細亜大学に進むときに抱いていた、「その先はプロで」の思いに、いよいよ結果がもたらされるときだ。

この秋の東都リーグは、亜細亜と東洋大学が優勝を争っていた。6校で構成されるリーグ戦は、同一校に2試合先勝することで勝ち点1が付く。10月末の東洋戦を迎える時点では、亜細亜が勝ち点1をリードしていた。この直接対決を2試合勝てば、優勝を決めることができる。2年生の秋以降、亜細亜はリーグ優勝から遠ざかっていたため、なんとしても有終の美を飾りたいとの思いがあった。

29日の第一戦では、僕自身も2本の二塁打を放ち、4対0と先勝した。迎えた二戦目は、30日。そう、ドラフト会議の日だ。この日勝てば、リーグ優勝も決まるから、ドラフトで指名を受けるのなら、勝って会見に花を添えたいところでもある。

しかしこの試合、安打数では亜細亜が上回りながら、試合の要所で得点に結びつけることができず、1対2で、東洋に逃げ切られてしまった。

試合後、やり場のない敗戦の悔しさの中にあった僕だが、そんな中で、カープからの1位指名を伝えられた。これから寮へ戻って記者会見を開くには時間がかかりすぎる。急遽なのか、前もって支度されていたのか、どちらにしても、神宮球場内に会見場が設けられ、そこでマスコミへの対応をすることになった。

その会見は、僕の単独ではなかった。東洋の捕手・大野奨太が北海道日本ハムファイターズに1位指名されたため、横並びでの会見がセッティングされたのだ。千葉ロッテマリーンズから3位指名を受けた東洋の投手、上野大樹もいただろうか……。

同じ大学の同期が複数指名を受け、横並びでインタビューを受けることはあるが、大学も違い、ほんの少し前に勝者と敗者に明暗を分けたばかりの人間同士が並ぶのだ。違和感は否めないが、状況が状況だから仕方ない。

大野は、試合での勝利とドラフト1位指名という二重の喜びに、晴れ晴れとした表情で応じていたが、僕はと言えば、指名の喜びを語ろうにも敗戦の悔しさが先立ってなかなか穏やかな表情を作ることができず、終始うつむき加減だった。はたから見れば、もう少し嬉しそうな顔をすればいいのにと思われただろうし、今になって思えば、勝負の結果と指名会見は別物と割り切ればよかったと振り返るが、そのときは、明るく振る舞うことができなかった。

翌日の最終戦、やはりドラフトで千葉ロッテから3位指名を受けた東洋の上野大樹に完封負けを喫した亜細亜は、勝ち点4で並ばれ、勝率で優勝をさらわれる結果となってしまった。名誉あるカープの1位指名は嬉しいに違いないのだが、そのときの僕は、目前にしていたリーグ優勝を逃した悔しさに支配されていた。

この年、カープがドラフト指名した選手は、中田廉（広陵高・投手）、小松剛（法政大・投手）、中成紘（京都国際高・内野手）、育成で松田翔太（金沢学院高・投手）という顔ぶれだったが、入団から10年目を迎える今季、現役として残るのは、僕と（中田）廉の二人になった。

引退していった仲間も、アマチュア時代に光を放った数々の実績を残した選手たちだが、プロの世界で生き残ることの難しさも、この現実を見れば理解していただけるだろう。

指名後は、カープ球団から指名の挨拶や仮契約の手続きなど慌ただしくなった。その席上で、僕に示された背番号は「10」だ。僕の前には比嘉寿光さんが背負い、その前は金本さん。小学生のころ、レフトスタンドの最前列から憧れのまなざしで姿を追った大選手の番号を与えられることになった。

家族や周辺からは、祝福の言葉を掛けられる一方、「偉大な背番号を背負うんだから、恥ずかしくない選手に」と、叱咤激励される日々が続いた。

亜細亜の同期には、卒業後、社会人チームで野球をする者もいたので、東京に残ったまま野球部の施設を使わせてもらいながらプロ入りに備えた。年末には正式な入団発表が行われ、大学卒業を前に、大野寮へ入ることになる。

〔第4章〕

試練

注目の高さに驚いた入団会見

2008年12月の末、広島市内のホテルで開かれた新入団選手の記者会見。前日は、指名を受けた全選手がホテルに宿泊することになっていて、実家から15分ほどの距離の僕も例外ではなかった。大学野球部の制服を用意し、万端で迎えた当日だったのだが、会見直前に小さなハプニングが起きた。ネクタイを実家に忘れて来ていたのだ。会見には、選手の家族も同席するので、すでに会場のホテルに合流していた。

晴れの舞台にネクタイ無しで出席するわけにはいかないから、家人の誰かに取りに行ってもらったのを覚えている。これも広島市出身だからこそ可能だったことで、そうでなかったとしたら、今思い出しても冷や汗ものだ。

新入団選手記者会見は、ホテルの大広間で行われた。その席は、一段高い所に設けられ、球団旗が掲げられていて、その前の席に、松田元オーナー、マーティー・ブラウン監督、選手が横一列に並ぶ。目の前には、多くの記者たちが陣取り、数えきれないほどのカメラが自分たちに向けられていた。プロスポーツの世界というのは、これほどまでに注目を集めるものなのか。高校、大学を通じて、それぞれに多くの取材を受けてきたが、それとは規模が違う。

ここでマスコミの代表インタビューを受け、プロでの目標を質問されるのだ。地元出身で、1位指名を受けた僕には、当然注目が集まり「開幕一軍が目標です」「レギュラーを目指します」といった、景気の良い言葉が欲しかったのだとは思う。しかし、大学までの実績だけで、自信に満ちた発言はできなかった。

「がむしゃらにやるだけです」

「ファンの皆さんに愛される選手になりたいです」

そう答えるのが精一杯だったと記憶している。帽子を被り、背番号10のユニファームを羽織ると、数えきれないカメラのフラッシュが自分に向けて放たれる。あらためて、カープのユニフォームを着ることの責任を感じる瞬間でもあった。

間近に見るプロの選手

こうして盛大な歓迎を受けた新人選手は、年が明けると二軍選手が生活を送る大野寮へ入る。ここでも、カメラの放列に迎えられ、野球道具と衣類、身の回りの品を手に、その門をくぐった。テレビや新聞のインタビューを一通り受け、いよいよこの場から、プロとしての生活がスタートする。このときの取材に対しては、プロになる思いなど、前向きに語ったのだと思うが、内心は正反対だった。本当に自分が通用する世界なのかと、答えの出ない自問自答を繰り返していた。

プロ野球の世界は、12月と1月が、野球協約に定められた「ポスト・シーズン」と呼ばれ、この間、選手はユニフォームを着て練習をしない。選手として契約しているのは、毎年2月から11月までの10カ月間で、ポスト・シーズンに入ると、球団のコーチも直接の指導ができないことになっている。球団施設の使用はできるが、キャンプ・インまでの2カ月間は、個人に委ねられる「自主トレ」の期間だ。

新人選手にはそれぞれ、名前が入ったゼッケンが用意され、これをトレーニングウェアに留めて練習に臨む。まずは新人同士だけのトレーニングに始まり、1月中旬からは、選手会主催の合同自主トレで、プロの先輩方と初対面することになる。

自主トレは、春季キャンプに入るための準備をする大事な期間だ。猛練習を乗り切り、シーズンを戦える技術と身体の基礎を作り上げておくことが厳しく求められる。その過ごし方は個人に任されているので、広島を離れて独自に調整を進める選手もいるが、多くの現役選手は大野室内練習場へ集まって来るのだ。

顔をそろえるプロの選手たち。テレビでそのプレーを見てきたレギュラー選手の顔もある。誰がどうこうではなく、そこにいる先輩全員の、体つきや放たれるオーラが、アマチュアとは全然違う。そこにいるだけで圧倒されるほどの存在感があるのだ。

「亜細亜大学から入団しました、岩本貴裕です」

新人は一人ひとり自己紹介をし、全体練習に加わる。入念なウォーミングアップに始まり、キャッチボール、何カ所かに分かれた軽いノックをこなしていく。その間、きっと誰かに話しかけてもらったのだろうけど、地に足がつかないというレベルではないほど緊張していたから、全く覚えていない。

わずかに記憶するのは、みんな軽めに動いているはずなのに、プロのそれは明らかにレベルが違うということだ。この世界でやっていけるのかという不安が一層募る。そんな毎日を送りながら、キャンプ・インが近づいたある日、一軍メンバーが参加する沖縄キャンプに帯同することを告げられた。

これはえらいことになった……。自分が一軍メンバーの中で一体何ができるのか？この1カ月間抱き続けた不安がピークに達したころ、僕は沖縄行きの機上にいた。

1年目の春季キャンプが始まった

広島から沖縄への直行便が那覇空港に到着。1月31日は、プロ野球界にとっては大晦日にあたる。翌日のキャンプ・インが元日という位置づけだ。広島ではこれからが寒さの本番を迎える時期だが、着陸し、誘導路を進む機体の窓越しに見えるのは、南国、沖縄の光景だ。広島よりも3〜4カ月は先を行っていそうな日差しが照りつけている。現在の一軍の春季キャンプは、前半を宮崎県日南市で送り、後半になると沖縄に移動して行われる。２００9年当時は、日程がその逆だった。

空港ロビーでは、「広島カープ沖縄協力会」主催による歓迎式典が用意されていて、球団代表、監督、選手会長らに歓迎の花束が贈られた。空港ロビーから迎えのバスに乗り込むため屋外に出ると、真夏ほどではないにしろ、少し蒸しっとするような空気の温かさを感じる。

移動用のバスに乗り込むまでの歩道では、その年の主力選手や僕のような新人が、通称「ぶら下がり」というマスコミからのインタビューを手当たり次第に受ける。内容としては、このキャンプでどこまで調整を進めたいか、シーズンへ向けての気持ちの高まりはどうかという内容に終始する。広島から同行した取材陣が、短い時間に一人でも多くの声を拾おうと、次々に押し寄せてくる。

こうした取材は、決してじっくり立ち止まってのものではなく、ゆっくり歩を進めながら質問に答えるのだが、慣れた先輩たちは上手くマスコミ対応しながら、それでもすんなりとバスに乗車する。やることなすことすべてが初めての新人は、もたもたしてなかなか前に進むことができなかった。

空港を離れて、キャンプ地の沖縄市に向かうまでには、沖縄自動車動を北上する間には三つ球団のキャンプ地がある。浦添市は東京ヤクルトスワローズ、宜野湾市は横浜ＤｅＮＡベイスターズが、前身の大洋ホエールズの時代から長く訪れている。その北に隣接する北谷町は、中日ドラゴンズのキャンプを地だ。

沖縄市は、沖縄本島のほぼ中央に位置し、人口は約14万人ほどで、人口規模でいえば、那覇市に次ぐ、沖縄県第二の都市だ。高低差のあまりない沖縄県の中でも、坂道の多いところだ。米軍の嘉手納基地があるため、日常的にアメリカ人が街を行き交う。いろんな店の看板やメニューも、日本語と英語で併記してあったり、沖縄のなかでも独特の雰囲気を醸し出している。

カープの宿舎から車で15分ほどのところに、カープがキャンプを張る「コザしんきんスタジアム」はある。ここは運動公園になっていて、メインとなる野球場のすぐ側には、打席にして4カ所ほど取ることができる屋内練習場があり（当時）、その南側には400mトラックとスタンドを備えた陸上競技場がある。

ここは、大学や社会人の陸上競技部が合宿で利用することが多い。カープの投手陣も、1日のメニューの後半は、ここでインターバルトレーニングや走り込みなどに費やすので、ファンはすぐ近くで、息の上がる選手を見ることができる。さらに南に下ると、赤土のサブグラウンドと、ブルーシートに囲まれたブルペンがあった。

一日の練習メニューは、とても効率的に考えられていて、何時にどの場所で、誰がどんな練習に取り組むかが、一日でわかるように組まれている。練習開始前、報道陣にも配布されるこの日程表をもとに、その日のキャンプの話題は当日夕方のニュースや、翌朝の新聞紙面を飾る。「ランチ特打で柵越え連発」といった見出しが躍るのだ。

このころには、旅行会社などが主催して「カープ応援ツアー」が始まり、広島から熱心なファンが次々とキャンプ地を訪れるようになっていた。

いよいよ広島カープ伝統の、地獄のキャンプが始まった。

この日初めて見る、主力選手のユニフォーム姿に、本来なら、自分もこのチームの一員になったという実感が込み上げてくるものなのだろうけど、この世界で実績を積んできた先輩たちの姿は一回りも二回りも大きく見える。僕は合同自主トレ以上の緊張を感じていた。プロの先輩方が自身の新人時代を振り返り、「自分がやっていけるのか」「これは大変な世界に来てしまった」と回顧する言葉をよく耳にするが、まさに、その言葉を実感する場面だった。

大学時代までの貯えもあって、体力的には自信があった。だから、練習開始から時間をかけて行われるランニングやストレッチにはついていけるものの、実際にボールを扱い始めると、これまで見てきたものとは違うレベルの野球が展開される。

何がどう違うか、いちいち挙げていればきりがないが、守備ならばボールに入っていくスピード、肩の強さ、送球のキレ。打つことに関してはスイングのスピードにミートの強さ、打球の伸びなど……。要するにすべてが初めて見る次元なのだ。プレーについても、それまでの経験を覆される発見が実に多かった。

「これがプロか……やばいぞ」

口にはできないが、心の中でつぶやき、冷や汗が流れた。

1日の練習が終わって、どっと襲ってくる疲れには、練習の濃さによるものはもちろんだが、こうした精神的な疲労も大きく占めていたと思う。

2月の沖縄は、たしかに広島とは違って暖かいが何日かおきに天候のすぐれない日が訪れ、雨模様の日も少なくない。そうなると体感気温はぐっと下がり、寒いと感じる日もあるが、晴天の日は格段に暖かく、日中の最高気温が20℃を超えることもある。キャンプ中のケガを防ぐためにも、早い仕上がりのためにも、この気候はありがたい。

第2クール以降、実戦形式の練習が増えていくなかで、肩が仕上がり始めた投手陣が次々とフリー打撃のマウンドに登場する。ここで初めてプロの投手と対峙するわけだが、調整の過程にある投球にも関わらず、そのキレや制球力の高さと言ったら、これまで経験してきたものなど、当然比較にならない。

これが公式戦の段階まで仕上げてきたものだと、到底歯が立たないだろう。ここでも大きなショックを受けることになった。

思えば、高校時代から大学へと、ステップを踏むたびにレベルの高さを思い知らされてきたが、いよいよ行きつくところまで来たという感じだ。

キャンプは4勤1休のスケジュールで続く。最初の休日は毎年の恒例行事として、新人選手が地元の観光地を楽しむというマスコミ向けの企画があって、この日ばかりは練習を離れたがそれ以降の休日は、自主的に屋内練習場へと出かけ、打撃練習に取り組んだ。少しでも、自分と先輩たちとの力量の差を埋めようと、一心不乱にバットを振る毎日だった。

2月の後半に入ると、キャンプ地は、宮崎県日南市に移った。カープが資金難に苦しむ時代から、地元の有志の強い思いで球団を受け入れていただき、1963年の春から数え、球団とはもう55年のお付き合いになる。最寄り駅はJR油津駅。太平洋を臨む油津港は、海産物はもとより、地元にある大きな製紙工場の原材料を搬入する港として、重要な役割を担っている。そこからほど近い「油津銀天街」というアーケード街は、かつて買い物客で活気ある商店街だったそうだが、僕の入団当時はすでに歩く人の姿もまばらなシャッター街となっていた。この数年、行政と民間のタッグで取り組まれた街の活性化事業が奏功し、にぎわいを取り戻しつつある。

日南線の踏切を渡り、ほどなく右へ曲がると見えてくるのが、メイン練習場の「日南市天福球場」だ。現在の球場は、2005年に改修されたもので、約2000人を収容できるスタンドが設けられている。このメイン球場を中心に、ライトスタンドの向こうにはブルペンと屋内練習場があり、その設備も充実している。

レフト側を通る道路は、住宅街へ向けて急な坂道になっていて、かつてはこの坂の途中に屋内練習場があった。キャンプ序盤に、新井さんが何本もダッシュを繰り返して体をいじめるシーンでお馴染みのあの坂だ。

この時期の日南市は、短い周期で雨に見舞われる日が多いものの、好天となれば、さすがに南国の暖かさで、体を動かせばすぐに汗だくだ。キャンプの仕上げの時期を過ごすには最適の場所だが、一つだけ、悩まされることがある。

市街地周辺の山には、江戸時代から始まった「飫肥杉」の植林地が広がり、気温の上がり始めるこの時期には、花粉が飛び始める。花粉症の僕としては、この飛散に過敏な反応をしてしまうので、辛い季節でもある。


一軍選手がこの天福球場を使用し、二軍は、車で15分ほど離れた場所にある、東光寺球場（日南総合運動公園野球場）を使う。場所は違っても近い距離にあるので、キャンプの後半は選手の行き来が激しくなる。

二軍で目立つ選手がいれば一軍の練習に合流させてもらえるし、一軍の実戦練習でふがいない結果となった選手は二軍での再調整を命じられたりもする。幸い日南へ移動後も一軍で練習していた僕は、ある選手のキャッチボールの相手に指名される。本人からではなく、当時二軍の野手総合コーチだった永田利則さんに言われて組んだと記憶している。その相手は、前田智徳さんだった。

前田さんの調整は自身のペースで進められていて、その時期はまだ万全という状態ではなかったと思うが、球は伸び、僕の胸元にビシビシ決まる。それだけでもレベルの違いを思い知らされる上に、前田さんに対しておかしな球は投げられない。その重圧でイップスになるのではないかと思うぐらい、緊張する毎日だった。

日南キャンプの終盤からは、対外試合やオープン戦が始まる。一軍メンバーがどんどん調子を上げ、シーズンに合わせた調整ぶりにも驚いたが、自分自身は、代打での起用や途中出場で、あくまでプロの野球に慣れることに専念させられていた。

当時、自分に足りていなかったのは、やはり、プロの投手に対する対応力だったと思う。一流の投手の制球力の良さも初めての経験だったし、球速自体は大学生と同じでも、そのキレは段違いだ。配球にしても、アマチュアの域では語ることができないくらいのものだった。このレベルの差を克服しないと、自分がこの世界で結果を残すことはできないだろう。

これは、経験で身につけていくしかない。

〔第5章〕

光と挫折

開幕二軍、交流戦で一軍デビュー

プロ1年目の2009年は、カープの本拠地がマツダスタジアムに移転した記念すべき年だ。思い出のたくさん詰まった旧広島市民球場がなくなることに寂しさもあったが、これからはこの場所が、さまざまな歴史を刻む場所となる。事前に見学させていただき、その広さや、アイディアの盛り込まれた設備に驚いたものだ。

地元開幕戦の試合前、新入団選手がファンに紹介されたとき、スタンドのファンから贈られた拍手や声援は今も忘れない。入団会見で答えたように、ここで活躍し、愛される選手にならなければと、身が引き締まった。

残念ながら、プロ1年目の開幕を一軍で迎えることはできなかった。二軍でのスタートとはなったが、これまでの野球人生で、毎日のように練習と試合を繰り返す環境になかった身にとっては、そんなプロ生活のサイクルになじむためにも良いステップだったのだと思う。

アマチュア時代と違い、連日試合が控えているということは、前日の結果が不本意でも、それを引きずっている場合ではない。練習によって克服する努力はもちろんだが、すぐにやって来る次の試合に気持ちを切り替えていかなければ、とてもやっていけないからだ。そんなプロの世界で生きていくためのメンタル面を身につけるために、二軍からのスタートは必要な期間だった。


二軍選手の朝は早い。ウエスタンリーグの公式戦がある日の大まかなスケジュールはこうだ。大野寮で6時に起床し、朝食を済ませたら、すぐに支度をして7時ごろにはバスで出発。約1時間かけて由宇練習場に到着し、練習を開始。ホームであるカープの練習が終わり、ビジターチームの練習が始まるころに、球場外周のランニングを3〜5本こなして昼食だ。ただでさえ広い由宇練習場の内外野のさらに外だから、その距離はなかなかのものだった。

かき込むように昼食を済ませ、すぐに着替えて試合前のシートノック。午後0時半から試合をして、終わってから更に練習をする。午後5時ごろに練習を終えて帰路につき、夕方6時ごろ、寮に戻ってくる。

寮での夕食が終わると、一度気持ちをリセットして、各自がそれぞれ練習に取り組む。屋内練習場の施設は自由に使えるから、寮に入っている仲間とマシン打撃をしたり、トレーニングに取り組む日々だ。

気のすむまで自主練習に取り組んだ後は、もう誰とも話す力が残っていなくて、自室にこもって、いつの間にか眠りに落ちる。そんな毎日だった。当たり前だが、野球を職業に選んだ立場だ。この上ない厳しい環境なのは百も承知だったし、体力だけは自信があったものの、これはさすがに辛かった。

僕はウエスタンリーグの開幕から、ほぼ4番に起用され、多くの打席を経験させてもらえた。安打数も残すことができていたし、この年、本塁打もウエスタンでは14本を打った。二軍とはいえ、プロの投手の球に順応できたことの結果だが、プロの世界では、一軍の試合で成績を残してこそ初めて評価される。

課題としては、調子にムラがあることだ。良いときには固め打ちが続くのだが、それが長く続かないという期間がシーズン中、何度かあった。一軍に定着して常時出場するには、ここを克服しないと、ベンチの信頼を得ることはできない。試行錯誤を続けるそんなとき、ついに一軍から声がかかる。5月の終わり、ちょうどセ・パ交流戦の最中だった。

セ・パ交流戦は2005年シーズンから導入され、当初はパ・リーグの6球団と、ホーム&ビジターで6試合ずつ行った。2007年からは各チームと4試合ずつ、計24試合を戦うスケジュールに変更された（現在は各3試合）。

カープにとって、この交流戦は「鬼門」とされ、レギュラーシーズンを好調にスタートしても、ここで一気に負けが込んでしまい、順位を低迷させてしまう年が続いた。「カープは鯉のぼりの季節まで」と揶揄される言葉が、「交流戦前まで」と言い換えられたほどだ。2008年に初めて交流戦の勝率が5割を超えた年も、ペナントレースは4位にとどまっていた。

連覇を果たしたこの2年間の交流戦成績が、3位と2位で終えていることを見ても、ここをどう乗り切るかは、その年の成績に大きく関わるのだ。

5月28日、一軍デビュー戦の場所となった呉市営二河球場は、高校時代に何度も試合をした思い出の球場だ。マツダスタジアムでのデビューとはいかなかったが、ここにも熱心なファンが詰めかける。現在のように、主催試合が連日満員となるほどの盛り上がりはなかったものの、収容人数の少ない小さな球場は、試合開始のころにはほぼ満員になっていた。

二河球場に、千葉ロッテマリーンズを迎えたこの試合で、僕は7番ライトでスタメンに起用された。大学の4年間、広島を離れてはいたものの、甲子園にも出場した地元出身のドラ1選手がプロのデビュー戦に臨むとあって、球場の観客は大いに沸いた。それはとてもありがたいことなのだが、僕はといえば人生最高の緊張に支配され、とても冷静ではいられなかった。

試合では、第2打席にセンター前ヒットを放つことができた。これがプロ入り初安打だ。無我夢中の中で生まれた1本、どんな球を打ったか、どんな手応えだったか覚えていないのだが、スタメン起用の試合で打てたことに、まずはほっとしたし、スタンドからの歓声も温かかった。プロ野球選手として、ようやく第一歩を踏み出すことができたのだから、次なるステップに向けて自信を持ってもよさそうなものだが、そう簡単にプラス思考になれないのが、僕の悪いところだ。一本出れば出たで、気持ちは不安の方向へ傾いていってしまう。

「この後、もう二度と打てないんじゃないだろうか」

どこまでもネガティブな考えが頭をよぎった。

その試合からしばらくは、一軍に帯同することになった。一軍と二軍の違いは、やはりその待遇面にある。移動には航空機や新幹線のグリーン席を利用できるし、遠征先で利用するホテルも当然、格が違う。食べ物に好き嫌いのない僕は、食事の内容についても不満を感じることはなかったが、大きかったのは、遠征先の球場に移動するバスが2台になることだった。

二軍では、1台のバスの中、体の大きなプロ選手が隣り合わせで詰め込まれ、窮屈な思いをするのに対して、一軍になると広々と二人分の座席を使うことができる。道具の運搬についても専門のスタッフに任せることができ、一軍は、とにかく野球に専念できる環境が整えられている。

だが、やはりまだまだ自分は実力不足だった。再び二軍へと降格し、シーズンの大半はウエスタンリーグでの出場を余儀なくされた。1年目の一軍成績は、14試合、33打数5安打、本塁打は0。二軍での成績は、先述したように14本の本塁打を放ち、リーグ2位の成績だった。実績を積み重ねて、早く一軍で通用する選手になりたい。僕も一度はその世界を知った。知ったからこそ感じる高い壁は、自分の力でよじ登らなければならない。

ある程度の手応えと、その域に達するまでの道の険しさを痛感した1年目だった。

若手に厳しい「実りの秋」

2009年のシーズンが終わり、この年のカープ一軍は5位だった。この先、クライマックスシリーズ出場を控えるチームは、まだまだ試合モードのまま10月を迎えることになるがBクラスのチーム、特に一軍を目指して奮闘する若手にとっては、地獄の秋季練習が始まる。

ここまで4年間監督を務めたマーティー・ブラウンが退団し、新監督として野村謙二郎さんが就任することになった。「Aクラスではなく、優勝を目指す」方針が伝えられ、同時に、厳しさを前面に押し出すことも宣言された。

息つく暇もなく、10月上旬から宮崎市で行われるフェニックスリーグへの参加を命じられた。1990年に始まった「秋季教育リーグ」がさまざまに名称や参加チームを変え、現在のものに至っている。NPBの12球団に、韓国から3チーム、四国アイランドリーグの選抜を加えた16チームが参加して、10月下旬まで開催される。その日程が過ぎると、いよいよ11月。日南・秋季キャンプがスタートする。

一軍のレギュラークラスのうち、若手はフルに参加する秋季キャンプだが、主力の多くはシーズン中の疲れを癒やすことに重きを置くので、秋季キャンプの目的は必然的に、若手を徹底的に鍛え上げることとなる。

今季、どこが良くてどこがダメだったのか。浮かび上がるその課題点を、徹底的に鍛えていくことが狙いだ。投手なら新球のマスターに取り組む者もいるし、守備のレベルがついていかない者は、いつ終わるかわからないノックの嵐の中に身を置く。

このキャンプを終えれば、2カ月のポストシーズンに入るため、チームとして練習をする1年の締めくくりの期間だ。チームの練習だけでも、夕方6時ごろまでびっしり組まれているうえ、さらに特打、特守など、その内容も濃い。

一旦夕食を挟んで、今度は夜間練習だ。天福球場の雨天練習場に出向き、ここでも徹底的に打ち込む。毎日ヘトヘトになりながら、それでも、来季の一軍定着を目指して、激しいチーム内競争が繰り広げられた。

期間中、何となくネットニュースを見ると、一足早く他球団のキャンプ打ち上げのニュースが記事になっていて、羨ましい気持ちにもなるが、コーチ陣、裏方さん全員も、選手の底上げのために付き合ってくれるのだから、その苦労に応えなければならない。その思い一つで、地獄の秋季キャンプを乗り切った。

ターニングポイント

2年目を迎えた2010年、この年も開幕一軍は叶わず僕は二軍でシーズンをスタートした。キャンプ期間中から、打つことに満足いく内容が伴っていなかったから仕方ない。二軍でも、春先からなかなか数字も残すことができず、このままだと上昇のきっかけすらつかむことが難しい状態にあった。打開策が見えず悩んでいたとき、二軍打撃コーチの朝山東洋さんから、右足を上げず、ノーステップに近い打撃フォームに変えてみてはどうかとアドバイスを受けた。

その考え方は極めてシンプルなもので、それまでの打撃フォームにあった無駄な動きを捨てようというものだ。それまで作り上げてきたものを白紙に戻すのだから、大きな賭けではあったが、現状を打破するにはやってみるしかない。朝山さんや永田さんから熱心な指導を受ける毎日。何かをつかみたい思いで、この新フォームを体に覚えさせる日々が始まった。

新フォームへの取り組みは、打撃練習の中で感じていた手応えどおり、意外に早く、試合で成果をもたらすことになる。もともと好不調の波に苦しむタイプだったが、夏場に向けては、例年調子が上がって来る。夏バテすることもないし、体重が落ちたこともない。思いのほか自分に合っていた。

そこに、今回のモデルチェンジの効果が見事にはまった。そして、自分の出番が、主力のケガという、チームにとっての痛手によって回ってくることになるのだ。

この年、栗原健太さんが交流戦で受けた死球で骨折し、戦列を離れるアクシデントがあった。このころから僕の打撃は上向きになってきていて、いつ一軍から呼ばれても良いぐらい、好調を維持していた。

誰かが一軍を離れたとき、空いた席に呼ばれて実績を残すことは、そこにとって代わる可能性を秘めている。誰かにとってのピンチは、自分にとってのチャンス。厳しいプロの世界では当たり前のことだ。主砲である栗原さんを欠くチームの中で、結果を残すには絶好のタイミングだった。そして、そのときが来た。

7月4日。マツダスタジアムでの横浜ベイスターズ戦で、僕は清水直行投手からプロ第一号の本塁打を放つことができた。そこからは、自分でも不思議なくらい、バットが確実に球を捉えてくれる。元々、自分では本塁打を量産する「長距離砲」タイプではないと思っているが、8月までの2カ月間で、14本の本塁打を重ねることができた。

これ以降も、状況に応じて小さなフォーム改造はしていくことになるのだが、自分自身の中では、このときの転換が何より大きかったと思う。これが成功していなかったら、その先はなかったと言ってもいいぐらいだ。

一軍で結果を出すことができるようになり、プロ入り初のヒーローインタビューも経験した。勝利に貢献した憧れのヒーローたちが、ファンの大歓声を浴びる瞬間だ。その日は、石井琢朗さんと並んでのお立ち台だったと思うが、事もなげに質問に答える琢朗さんとは対照的に、僕はまともに話すことができなかった。これは、決して緊張によるものではない。

球場内のスピーカーを通して自分の耳元に返ってくる音声は、おそらく1秒以上は遅れて届く。この時間差が非常に違和感のある状態で、遅れる声を聴きながら会話するのが本当に難しいのだ。若い選手がお立ち台に上ったとき、しどろもどろになることがあったら、おそらくこの理由によることなので、大目にみていただきたい。

この年、一軍で残すことができた成績は、61試合、212打数55安打、打率．259、本塁打は9月以降打つことができず、14本で終わった。ただ、良いときの感触は忘れてはいけない。2年目のオフを練習漬けで過ごし、3年目を迎える。

左膝に感じた激痛

２０１１年の春、東北地方から北関東に及ぶ広い範囲を大地震が襲った。３月11日に起きた東日本大震災だ。プロ野球は春のキャンプを終え、オープン戦を重ねる時期に入っていたが、この未曽有の大災害は、オープン戦の日程はおろか、公式戦の開催の是非についての議論を呼ぶほどだった。震災による被災地の一つ、仙台市に本拠地を置く東北楽天イーグルスや、千葉ロッテマリーンズのホームグラウンド、ＱＶＣマリンフィールドも、球場施設に被害を被った。

パ・リーグがいち早く公式戦の開催日の延期を決定したのに対して、セ・リーグがすぐに歩調を合わせることはなく、その調整には時間を費やした。だがこの年は両リーグとも、４月12日の同日開幕となった。

そんな２０１１年の春、キャンプも終盤に差し掛かったころ、僕は左膝に強烈な痛みを感じるようになった。小学校の高学年から中学にかけて長く苦しめられた、オスグッドが発症した箇所だ。完治していたから、それ以降はまったく痛みを感じることなどなかったはずなのに、何故、今頃になって……。

痛みの箇所を手で触ってみると、膝頭の下、少し飛び出た骨のあたりが動いている。ここが、折れたのか欠けたのだろう、とにかく痛くてたまらない。しかし、プロ入り後初めて開幕を一軍で迎える機会を与えられているのに、それを理由にリタイアしていては、シーズンを棒に振ることになりかねない。トレーナーにも配慮してもらい、テーピングやサポーターでの固定、薬の服用などで、痛みを抑える処置をしてもらった。

処置をすると、耐えられないほどの痛みは少し軽減したが、最良のパフォーマンスを発揮するには程遠かった。左打者としての軸足に体重が乗せられないのだから、致命的だ。足の曲げ伸ばしさえままならず、苦しいシーズンの幕明けとなった。

開幕を7番、レフトでスタメン出場し、5月の中旬まではそこを定位置に起用されたが、思うように結果を残すことができず、以降は控えに回らざるを得なくなった。

結局この年は、一軍で60試合に出場。この数字だけ見れば、前年と変わらないが、打撃成績は下降し、打率．223、本塁打は3と、見るべきものは残せなかった。本来なら調子が上がって来る夏場に二軍へ降格。シーズンの終わりを待たずして、痛む骨端部分を除去する手術をした。術後のリハビリに取り組むため、秋季キャンプにも参加できず、悔しい思いで過ごした1年だった。

チャンス到来とエルドレッド来日

手術した膝のリハビリのため、出遅れることになった2012年のシーズン・膝への不安が取り除かれているだけに、二軍で調子を上げ、来るべきときに備えるしかなかった。

この年、一軍の中軸には、栗原さん、新外国人のニック・スタビノアがいた。開幕からしばらくは、昨季、好成績を残していた栗原さんが4番に座り、その前後どちらかの打順にニックが入ることが多かった。ニック自身も、3打席連続本塁打を放つなど、4月と5月合わせて9本の本塁打を放つ活躍を見せ、当時の流動的なオーダーの中でも打順が固定されていた。

しかし、慢性的に右ひじの故障を抱えていた栗原さんが、4月下旬に戦列を離れてからは、ニックを4番、5番には何人かが交互に入った。5月も下旬になり、僕もその中の一人として、そこに起用されるようになった。


迎えた交流戦。2カ月近く4番を任されてきたニックが、走塁中に靭帯と半月板損傷という大ケガを負ったことにより、「4番・岩本」が誕生することになった。チームにとっては二重の痛手の中、巡って来たチャンス。2年目のシーズンと同じだ。

この起用を受ける以前から、自分では手応えを感じていた。代打でも結果を残せていたし、6月に入ってからは特に好調で、月間打率.397を残していたからだ。本塁打の数こそ二桁には届かなかったが、起用に応えることはできたのではないかと思う。しかし、夏に差し掛かるころ、あの男が、カープにやって来ることになるのだ。

ブラッド・エルドレッドは、2012年のシーズン途中、6月にカープが獲得を発表した選手だ。メジャーでの輝かしい記録はないが、そこはカープの駐米スカウトの目利きで見出した選手、日本の野球に合っていると判断されてのことだろう。長距離砲を固定できずにいたカープにとっては、期待の選手だった。

僕自身、7月に入って調子が下降気味になってきたころに、エルドレッドが一軍に合流してきた。下位打線からのスタートとなった彼の起用は、8月を迎えると、ついに4番へ固定されることになる。

この起用に合わせて、僕の打撃成績は下降していき、二軍への降格を余儀なくされた。チームのピンチを自身のチャンスに変えてつかんだスタメンの座だったが、これを持続させられない悔しさが募ったシーズンとなった。

16年ぶりのAクラスと初のCS出場

2013年のシーズン、カープは4番打者にエルドレッドを固定してスタートした。

前年の夏以降、頭角を現した2年目の菊池涼介が二塁のポジションに座り、センターには丸佳浩と、現在の上位打線を形成する若手が定着し始めた年だ。とはいえ、打順はこの年も流動的で、特に1番打者については、菊池や丸のほか、新外国人のフレッド・ルイスも加えた日替わりオーダーが組まれた。

しかし、4月の巨人戦でエルドレッドが死球による骨折で登録を抹消されることになる。そこで急遽4番に座ったのが、廣瀬純さんだ。4月21日の巨人戦以降、15打席連続出塁のプロ野球新記録をマークしたのがこの時期で、廣瀬さんの打席ごとに、ファンの歓声が高まっていったのを覚えている方も多いだろう。

5月からスタメンに起用され始めた僕は、日によって一塁と外野を守りながら、クリーンアップの一角を担った。故障あがりのエルドレッドの調子が戻らず、この年の途中からメンバーに加わったキラ・カアイフエがその代役としてスタメン起用されるようになった中盤以降、僕の役目は主に代打だった。

スタメンで出場し、一試合の中で4度の打席が回ってくる立場と、勝負どころで一振りに賭ける代打の立場とでは、当然、気持ちの作り方が違う。代打には次のチャンスがないからだ。そして、与えられた打席で出た結果は、即、評価となって返って来る。大事な局面を切り開くことができれば、その一打の価値は、何倍にもなるのだ。

前年までは、絶対的な代打の切り札として、前田智徳さんが控えていた。終盤のチャンスで、勝ち越しや逆転の一打を担う立場だ。前田さんが最終手段なら、僕はその前か、もうひとつ前の立場。打点を期待されることもあれば、チャンスを作ることを役割とすることもあった。

ところが、この年は前田さんが4月に、試合で受けた死球で左手首を骨折し、離脱。同じ左打者として、前田さんの立場を担うのは自分になった。試合展開の中で自分の出番をある程度予測し、そのときに備える。打席に入れば、1球たりとも無駄にしないことを心掛け、初球のストライクから積極的に打ちにいくようにしていた。

スタメンあり、代打ありで重ねた82試合の出場は、これまでのシーズンで最多であり、どんな起用にも応えられる準備をして過ごしていた。

この年、開幕から首位を走ったのは巨人で、他の5チームに徐々にゲーム差をつけていった。2位は阪神がキープ。3位は月ごとに入れ替わる状態で、ヤクルトが最下位に沈んだ5月以降は、残る3チームがその座を争っていた。

カープも5月には3位浮上を果たすものの、6月、7月は後退し、4位。ただ、この年は、前田健太の15勝をはじめ、2年目の野村祐輔、バリントン、大竹寛さんと、先発投手陣がいずれも二桁勝利を挙げるなど、投手陣が充実していた。

7月を終える時点で、3位の横浜ＤｅＮＡベイスターズとの間にあったに1・5ゲーム差をひっくり返したカープは、8月終了時点で3カ月ぶりの3位に立つ。そしてなんとか下位チームの追撃を断ち切り、3位をキープしてレギュラーシーズンを終えた。首位からは20ゲーム、2位からも12ゲームの差を付けられたうえに、勝率も5割を切ったが、16年ぶりのＡクラス入りだ。そして、初のクライマックスシリーズ進出を果たすことができた。

迎えた10月12日、クライマックスシリーズのファーストステージ。舞台は、2位阪神タイガースの本拠地、甲子園球場だ。今でこそ、公式戦でもカープの応援団がスタンドの半分近くを占めるようになったが、当時はまだまだ球場の大半を阪神ファンが占め、完全アウェイ状態。レフトスタンドの一角にあるビジター応援席に陣取るカープファンも、肩身のせまい思いをしていたころだ。

でもその日は、これまでに見たこともない光景がスタンドに広がった。バックスクリーンを境に、左中間からレフトスタンドのすべて、さらに3塁側アルプススタンドから内野席に至るまで、カープファンの「赤」で染まったのだ。いや、正確に言えば、バックネット裏にも、一塁側阪神ベンチ後方の内野スタンドにまでも、カープファンが陣取っていた。

関西圏のカープファンはもとより、広島をはじめ全国各地から乗り込んできてくれたのだろう。この大応援団がカープの力になったのは言うまでもない。この熱狂ぶりに一番驚いたのは、阪神サイドだったのではないだろうか。

第一戦の先発マウンドに登った前田健太は、阪神打線を7回まで5安打1失点に抑える好投。打っては、5回にキラが阪神先発の藤浪晋太郎を捕えて逆転の3ランを放ち、主導権を手にした。丸のソロ本塁打で1点を追加した9回、僕の出番がまわってきた。

走者二人を置いて、代打で起用されたのだ。

甲子園球場独特の「浜風」は、ライトからレフト方向に吹く風のことで、左打者が引っ張る打球の勢いを奪う。この浜風のいたずらは、野球中継でもキーワードとしてよく使われるので皆さんもご存じだろう。この球場ならではの、選手泣かせの名物でもある。しかし、廣瀬さんに代わって打席に向かうとき、風はホームベースからバックスクリーンへ向かって吹いていた。

投手はこの回途中から登板した玉置隆。代走で起用された上本崇司と赤松真人さんを迎え入れれば、勝負の流れは決定的となる。

明らかなボール球を二つ見送った後の3球目。ストライクを取りにきた球を確実に捉えることができた。追い風にも乗り、打球は伸びてスタンドへ届く。3ランだ。スタンドを赤く染めたカープファンの大歓声が、ダイヤモンドを駆ける自分にも届いた。この一打で決定的に阪神を突き放したカープが8対1と大勝し、ファーストステージの主導権を握る。カープのこの勢いは、第二戦でも衰えることはなかった。

第二戦では、バリントンが阪神に1点を許すが、それ以降中盤までは投手戦で推移した。6回にキラの適時打で同点としたカープは、エルドレッドのタイムリーで逆転。その後も毎回の得点を重ね、7対4と、追いかけてくる阪神を振り切った。

シーズンを3位で終えたカープが、優勝チームの巨人に挑戦する権利を得たのだ。試合後、敗れた阪神ファンのブーイングをかき消して余りあるほど、カープファンの歓声が甲子園を支配していた。

長くBクラスに沈んできたカープが、CSを戦うまでになってきたことへの期待。何かが変わりつつあることを、ファンは確かに感じ始めていたのだろう。

続くファイナルステージでは、巨人との力の差を痛感することとなり、アドバンテージを含む0勝4敗で敗退することになった。初のCSファイナルに進出できたことは、ファンの皆さんにカープの新しい時代を予感させる十分なインパクトがあったと思うし、長くBクラスに甘んじてきた僕たち選手にも「俺たちは勝てる」という自信を持つきっかけを与えてくれた。

シーズンの終盤頃、「カープ女子」という言葉が世に広がりはじめ、女性を中心に、球場を訪れるファンの数が増えていった。もちろん、それまでにも、潜在的にカープを応援してくれていた女性は多かったのだろうけど、勝てない時期から応援し続け、育つチームと喜びを共有するファンの思いに、やっとチームの戦績が伴ってきたことが大きかったに違いない。

若手の台頭と外国人選手の加入によって、スタメンに起用される機会は減っていったが、チームは生きているのだから、常に進化を続けるものだ。出場の機会は限られてくるかもしれないし、今後、必要とされる場面が代打での起用にシフトしていったとしても、その精度を高めていくのが役割なのだと、あらためて自分に言い聞かせた。

優勝への期待高まるベテランの復帰

2014年のシーズンは、個人としては最低のシーズンに終わった。出場は39試合と、前年の半分以下にまで落ち込み、何より、残せた打率が.192では、ベンチの信頼を得られるはずもなかった。

チームはというと、5月を終えた時点で首位をキープしていた。この年は、夏場まで上位チームの勝利数が拮抗し、カープは、巨人、阪神との首位争いを続けるのだが、勝負をかけた9月に負け越し、最終的には3位でリーグ戦を終えた。

優勝した巨人とは7・5ゲーム離されることになったが、2位の阪神とは、わずか

0・5差。前年のCS再びと、期待は大きかったが、第1戦、第2戦ともに、阪神投手陣から得点を挙げることができず、1敗1引分けの戦績で敗退。前年を超えるステップを踏むことはできなかった。

この年のオフ、5年間指揮を執った野村謙二郎さんに代わり、新監督として、野手総合コーチを務めてきた緒方孝市さんが就任し、チームは再スタートを切ることになる。

そしてカープには、これからしばらくの間、野球界の話題を独り占めするほどのビッグニュースが舞い込み、広島中が沸きに沸いた。11月には、阪神を自由契約となり退団した新井貴浩さんがカープへ復帰すると伝えられ、年末には、ニューヨークヤンキースをFAになった黒田博樹さんの復帰が決まったからだ。

言うまでもなく二人は、不遇な時代のカープを支えてきた投打の主力だ。広島を愛する気持ちも誰よりも強い。

ファンの中に芽生えつつあった小さな期待の芽は、どんどん大きくなり、優勝の言葉があちこちで聞こえるようになっていった。

左腕が上がらない

黒田さんと新井さんの両ベテランがカープに復帰した2015年は、年明けからこの話題で持ち切りとなる。春季キャンプには、これまでに見たことがないぐらい、取材陣が押し寄せた。

年明けの合同自主トレから参加した新井さんは、持ち前の明るさですぐにチームに溶け込み、若手顔負けの練習量をこなす毎日。2月後半の沖縄キャンプから合流した黒田さんに至っては、ローカル球団の話題にとどまるものではなく、連日、全国ニュースでその動向が伝えられるほどだ。

ここまで2年連続でCS進出を果たしていたこともあり、「黒田、マエケンのダブルエースで今季こそ優勝だ」と、周囲の期待は最高潮に達していた。

ところが、シーズンが始まると同時に、カープは苦戦を強いられる。4月を終わった時点で9勝16敗と大きく負け試合数が先行し、6位。この序盤のつまずきは大きく響き、以降、Aクラスをうかがうことはできなかった。ローテーションを担う、黒田さんや前田健太、ジョンソンは二桁勝利をマークするものの、主力選手に故障や不振が相次ぎ、メンバーを固定できなかったことも大きな要因ではあった。

僕自身はどうだったかというと、この年はオープン戦を重ねるうちに代打での結果を認められ、開幕を一軍で迎えた。しかしスタートと同時にヒットを重ねたが、一旦当たりが止まると、早々に二軍へ降格することになった。その時点で打率は3割を残していたが、そこはチームの判断だから仕方ない。このシーズンはそれ以降、一軍から呼ばれることはなかった。わずか7試合の出場だった。

そんなシーズン終盤に入ったころ、僕は体に強い違和感を覚えることになる。左腕がしびれて、上げることができないのだ。長いこと正座して痺れてしまい、足の感覚がなくなる経験、あのような症状が左肩周辺に起きて、ずっと続いている状態だ。

簡単に言えば血流が詰まっていたのだが、病名を左腋《ひだりえき》窩《か》動脈《どうみゃく》閉鎖症《へいそくしょう》という。ずっとそんな状態だから、ボールを投げられないのはもちろんのこと、打席でバットを構えられない。もう野球どころの話ではない。一時は、切開手術も検討したが、最終的に、体にメスを入れない手術で血流を改善する方法を取った。

とはいえ、この手術が10月21日。1週間の入院をすることになったので、秋季練習やキャンプへの参加は断念せざるを得なかった。

貢献と悔しさとV7

明けて2016年1月、前年秋の手術から1カ月も経てば、体の状態は100%と言えるほどに回復していた。ただ、術後ということもあり、ポストシーズンの過ごし方も例年ほどトレーニングに時間を取ることができず、キャンプでの調整も遅れ気味で推移していた。結果、開幕を一軍で迎えることはできなかった。

春先は、二軍で試合を重ねても、一向に調子が上向かない。体の不安は取り除いたのだから、なんとかしたいとの思いで、それまでオープン気味に構えていたスタンスを、バッターボックスのラインと並行に立つ形に変えて取り組んでいたのだが、3月・4月と、成果を感じるには至っていなかった。

この年のカープは、前田健太がポスティングシステムを利用してメジャーへ移籍し、絶対的なエースを欠く中でのスタートとなった。15勝投手の抜けた穴を誰がどう埋めるのか、投手陣を不安視する声が付いて回ったものの、前年14勝をマークした2年目のクリス・ジョンソンと、黒田さん、野村祐輔をローテーションの軸にスタートした。

一方で開幕を待たずして、カープにとっては話題の多いシーズンでもあった。新井さんがプロ通算2000安打、黒田さんが日米通算の200勝という偉大な記録達成を控えていて、ファンはその日がいつ訪れるのかを楽しみにしていたはずだし、投打にわたる精神的な支柱が現役でいられる間に、今年こそ優勝を果たしてほしいと、期待は日に日に高まっていった。

ベテラン二人の存在は、チームにとって本当に大きかった。それまでのチームのムードが変わったと言ってもいい。僕は野手なので投手陣のことはよくわからないが、若手投手にとって、黒田さんの経験は最高の教材だったと思うし、マウンドに上る心構えなど、黒田さんは、若手に惜しむことなくアドバイスを贈った。そんな言葉の一つひとつがみんなの財産になったことだろう。

新井さんは、そのひたむきさとキャラクターで、野手を束ねていた。良いときも悪いときも、自ら選手に話しかけ、アドバイスをくれるし、野球に関わること以外でも、気さくに話を聞いてもらえた。新井さんがいることで、選手間の会話も多くなったし、何より、新井さんがいることで、その場の空気が明るくなる。あれほどの大ベテランが若手からのイジリに笑って応えるなんて、普通なら考えられないことだが、それも新井さんの大きな器と信頼関係があってこそだ。天性の明るさと、大事なところで全員を鼓舞する数々の言葉は、選手にとって心の拠り所になっていた。

こうした、投打のベテラン二人の「優勝」への強い意識が、投手と野手の間にあった壁を取り払い、目標を共有することができたのだと思う。

スタメンの特に1番から3番までを固定した打線は威力を発揮し、カープは順調に白星を重ねた。シーズンの行方を占う交流戦でも、「神ってる」鈴木誠也の、サヨナラ2本を含む3連続決勝アーチに象徴される快進撃を見せ、3位で終えることができた。「逆転のカープ」と呼ばれるように、最後のアウトまで試合を捨てない執念が、何度も敗戦ムードを吹き飛ばし、勝利に結びついた。そして夏場を迎え、少し気の早い「優勝」の二文字が現実味を帯び始めた7月、僕は一軍に招集されることになる。

春先の不調を克服し、5月と6月は二軍での打撃成績が3割以上をマークできていたから、遅まきながら、チームの勝利に貢献したいという思いにみなぎっていた。

このころ、エルドレッドが故障で登録を抹消されていて、その代役として起用された4年目の下水流昂が好調な打撃を続けていた。僕に与えられる役目は、勝負どころでの代打と、終盤の守備固めだ。

この年の初打席が7月3日の横浜ＤｅＮＡベイスターズ戦。ここから3打席連続でヒットを放った。それ以降は主に、終盤の守備要員として一塁の守りに起用されていた。

交流戦後も勢いそのままに、チームは快進撃を続ける。新井さんが２０００安打を達成した4月26日の試合に立ち会うことはできなかったが、黒田さんが7月23日の阪神戦で日米通算２００勝を達成した日には、ベンチ入りの一人として、その場を共有することができた。埋め尽くされたマツダスタジアムのスタンドからは、不遇の時代を支えたエースに対し、鳴りやまない拍手が送られた。

7月終了時点で、2位の巨人に8ゲーム差をつけていたカープだったが、8月に入ってヤクルトに2連敗を喫したあと、続く巨人とのカードでも、第一戦と第二戦を落としていた。この直接対決で3連敗すれば、その差も3・5ゲームに迫られようかという8月7日の試合。これを取るか落とすかで、終盤のペナントレースを左右する大一番だ。やはり巨人のペースで進んだこの試合、9回、マウンドには澤村拓一が上がり、誰の目にもカープの敗色濃厚に映ったに違いない。

しかし、ここからが「あきらめないカープ」の真骨頂だ。二死から菊池が起死回生の本塁打を放ち同点に持ち込むと、丸が四球で歩き、新井さんの登場だ。悲鳴にも似た大歓声の中、ベテランのバットから放たれた二塁打で、カープはサヨナラ勝ちを飾った。

巨人にとっては、これが事実上、首位戦線から脱落する試合となり、息を吹き返したカープには、約1カ月後の優勝決定まで、再び突っ走るきっかけとなった。

チームが勝つことはこの上なく嬉しいが、やはり自分が貢献できてこそ、喜びややりがいを感じられるものだ。僕はこの試合、5番レフトでスタメン起用された。しかし、2打数無安打と結果を残すことができず、途中交代せざるを得なかった。

その後も、代打起用の場面でヒットを打つことができず、8月14日には、一軍再登録のエルドレッドと入れ替えに二軍降格。21打数7安打5打点、打率.333。これが、V7を果たした2016年の、成績のすべてだ。歓喜の瞬間まで半月あまり、加速するチームの勢いを、テレビ画面を通してしか見ることができない自分が情けなかった。

2016年9月10日は誰もが夢に見続けた、25年ぶりのリーグ優勝を決めた日だ。東京ドームでの巨人戦。優勝決定の瞬間、ナインはマウンドに駆け寄り、喜びを爆発させた。新井さんと黒田さんが抱き合って泣いている。

その光景を、僕は自宅のテレビで観ていた。カープファンの一人としては、嬉しいに決まっているのだが、選手として見つめるこの光景は、正直辛く、この上なく悔しいものだった。

CSを勝ち抜き、迎えた日本シリーズでメンバー登録され、再びベンチ入りすることはできたが、出場機会はなく、チームの力になることができないままこの年のシーズンは終了した。カープは日本一という宿題を残して終えたが、自身には、貢献できない悔しさだけが残った。

これを「悔しい」だけで終わらせてはいけない。戦力として加わることのできなかった歓喜の輪の中に、来季こそ、自身が貢献することで加わりたい。気持ちをそう切り替えて、オフを過ごした。

どん底で始まった2017年

今年こその思いでスタートした2017年シーズン、この年も二軍からのスタートとなったが、実はこれまでにない打撃の不調に見舞われていた。春のキャンプでは、沖縄組のメンバーとして帯同したものの、日南の二軍キャンプに戻されて再調整することになった。この時期は、いつもと変わらないスイングで打っているつもりでも、打球がイメージ通りに飛ばない。

いや、もうまったく打てないというぐらいのレベルだった。投手の生きた球を打てないのではなくて、ピッチングマシンのボールでさえ打ちあぐんでしまうのだ。こんな状態が、開幕してからも1カ月以上も続くありさまだった。

これまで経験したことのない不調ぶりに、正直、諦めの境地に達しそうになったが、もう一度立ち止まって、これまでの経験から自分の弱点を見直してみた。いったい何がいけなかったのか。これまで打てないとき、コーチからどんなアドバイスを受けていたかを思い出しながら、修正すべき点を自分なりに模索してみた。

僕は、打撃フォームの一連の流れのなかで、ボールへの入り方が悪いことをよく指摘されてきた。考えとしては至ってシンプルなことなのだが、調子を上げることに万策尽きたような状態から脱するには、その1点に集中して取り組んでみるしかなかった。練習でも試合でも、同じことを同じように実践するに救いを求めた。

そして、この小さなことを意識するようになってから、自分が思い描く打球が飛ばせるようになってきた。若いころなら、不調のまま袋小路に迷い込んで抜け出せないでいたかもしれない。でも、ここまでプロで指導を受け積んできた経験は、こんなところで生かされるのだと気づいた。成功体験も失敗も、すべては自分の財産になっている。

そして、この経験はきっと一軍で必要とされるときが来るはずだ。調子を上げていった夏場、7月9日に、一軍のメンバーに登録された。

この年、一軍での初打席を迎えたのは7月12日の横浜DeNAベイスターズ戦。1点をリードしていた7回、二死満塁という場面での起用だった。試合終盤を支配するためにも打点が欲しい場面だ。ここで放った二塁打で3人の走者を迎え入れ、やっと自身のシーズンが始まった。ここから7月23日の中日戦まで、3度の代打起用ですべて安打を放ち、打点も稼いでいたのだが、チーム事情から、8月4日に一度登録を抹消されることになる。

再登録は8月15日。この月のカープは、8日に球団史上最速でマジック「33」を点灯させたものの、順調に勝ち星を重ねることはできなかった。マジックも、点灯したり消滅したりを繰り返し、月間成績でシーズン唯一、敗け試合数が勝ちを上回る結果となった。一方、若手の起用が奏功した2位の阪神は好調で月間勝ち越しを果たし、肉薄とはいかないが、その差をじわりと詰めてきていた。

8月の戦いの苦しさを象徴したのは、22日からの横浜3連戦（横浜スタジアム）だった。いずれの試合も、中盤まではリードを奪いながら、3試合連続でサヨナラ負けを喫したうえに、鈴木誠也が守備の際に、「右足骨内果剥離骨折」と「三角じん帯損傷」の重傷を負い、シーズン中の復帰が絶望となった。

チームにとって、敗戦のショックと4番打者の離脱でこれ以上のピンチはなかったが、前を向くしかない。優勝へ加速するためには、9月上旬に控える阪神との直接対決を制することが条件だ。ここまでの対戦成績は、カープの10勝9敗1引分け。勝ち越してはいるものの、ほぼ互角に推移していたから、連敗してしまうと、相手に勢いをつけてしまいかねない。

3年ぶりのホームラン

9月のスタートは、最下位の東京ヤクルトスワローズとの試合で始まった。鈴木誠也に代わって4番に入った松山さんが好調で、打線を引っ張る。投げては、万全とは言えないジョンソンの好投や岡田明丈の12勝目など、3連勝でカープは息を吹き返した。いよいよ地元に帰って、阪神との直接対決だ。ここまでのゲーム差は6・5。最低でも勝ち越して、その差を決定的にすべき、シーズン終盤の大一番となる。

ヤクルト戦でもそうだったが、鈴木誠也の抜けた外野の一角に、僕もスタメンで起用されていた。この連戦を迎えるまで、打率も4割をキープしていたから、なんとか勝利に貢献する一打を放ちたい。

直接対決はやはり、もつれにもつれた。第一戦は、9回に中﨑翔太が逆転の2ランを浴びて一度は阪神にリードを許すものの、その裏、安部が逆転のサヨナラアーチを架けて先勝。マジック「12」が再点灯した。

またしても大接戦となった翌日の試合では、同点で迎えた延長11回、會澤翼が右中間へのサヨナラ安打を放つ。

第3戦は、立ち上がりに3点を失うものの、この日猛打賞をマークした安部の活躍で逆転に成功した。地元ファンの大声援の中、これで3連勝。マツダスタジアムでの成績がこの時点で43勝17敗1引分けという数字を見ても、この応援がいかに選手の力になっているかがわかる。マジック「8」。阪神とのゲーム差は9・5と広がり、カープは優勝への足場を確かに固めることができた。9月に入って負けなしの6連勝だ。

プロに入ってから不振に陥るたび、さまざまに試行錯誤しながら、自分に合ったフォームを作ってきたが、このころの僕はスタンスを少しクローズ気味に構えて打席に入っていた。いや、投手に対してはクローズなのだが、僕が相対する右投手の球の「軌道上」にスタンスを取っているという方が合っているかも知れない。ホームベースに正対しても、リリースポイントから放たれた右投手の球は、三塁側から斜めにベース上を通過する。そのラインと平行にスタンスを取るという考えだ。

毎試合の起用というわけにはいかなかったが、この構えがしっくりきているのを実感していたから、機会があれば打てるという自信はあった。

連勝を「7」に伸ばして迎えた、9月9日のナゴヤドーム。中日ドラゴンズとの23回戦にスタメン起用されたこの試合は、終盤まで中日のリードで推移していた。4対5で迎えた7回。走者二人を置いて打順が回ってきた。ここまでの打席で1安打を放っていたものの、勝負の場面、「交代させられるのかな」との思いもよぎったが、そのまま打席に送られた。今季途中、北海道日本ハムファイターズから移籍してきた谷元圭介投手がマウンドにいた。

野球選手には誰しも、「好きな球場」「嫌いな球場」というものがある。投手で言えば、マウンドが自分のスタイルに合っていて投げやすいとか、連勝の起点になった場所だからイメージが良いなどの相性が「好き」の理由になるだろう。

野手にとっては、打球が飛びやすかったり、グラウンドが守りやすいことで好き嫌いが分かれるもので、正直、このナゴヤドームは苦手だ。まず、打球が思うように伸びないし、人工芝自体が固いため、守りづらい面もある。投手陣にとっても、ここの固いマウンドは投げにくいという。人工芝の球場が多い中で、カープの本拠地、天然芝のマツダスタジアムを苦手とする対戦相手も当然いるはずだ。

もちろん、打席に入ればそんなことは言っていられない。これまでなら、一打席の一球に集中する場面が、4度目の打席に変わっただけだ。ここで求められるのは打点。大振りすることなく、コンパクトに球をとらえることに集中した。

カウント3－1で迎えた5球目を振り抜いた打球は、センター方向へ。センターが背走していくのが見えたから、長打になることは確信したが、先述したとおり、この球場は手応えに反して打球が飛ばない。外野手の頭を越えろと祈りながら、全力疾走していたが、バックスクリーンの右、フェンスの上でほぼ真上に弾んだように見え、ボールはグラウンドに落ちてきた。3塁側のカープベンチからは、みんなが身を乗り出してセンター方向を指さしながら何か口々に叫んでいる。

この間に、走者の松山さんと西川龍馬が相次いで本塁へ還り、逆転の一打となった。僕は2塁上にしばらくとどまっていたのだが、審判に「ホームラン」と促され、ここで初めてスタンドインしたのだと確認できた。先にホームインした2人から随分遅れて本塁を踏んだ後、手荒い祝福が待っていた。ヘルメットの上からでも次々衝撃が伝わるほどだったが、この感触も久しぶりだ。

当然、本塁打を意識しての打席ではなかったが、自身3年ぶりとなるこの一発が勝負を決め、カープは8連勝でシーズン80勝目をマーク。この時点で優勝へのマジックは「6」となった。優勝へ向けて加速するチームの勢いにブレーキをかけることなく貢献できたことに安堵した。

連覇の瞬間　僕は歓喜の輪の中にいた

優勝へのカウントダウンが始まった。前季優勝を決めたのは、9月10日の東京ドームだったから、関東のカープファンには最高の日になったはずだが、地元・広島のファンにとっては何としても連覇の瞬間をマツダスタジアムで見たいとの思いは強かっただろう。マジックを減らすには、対象チームの勝敗も関わってくることなので、その日を設定することは難しい。戦う側にとっては、目の前の試合一つひとつを確実に勝っていくことしかできないが、本拠地でリーグ優勝を決めたい思いは誰もが持っていた。

9月13日の横浜DeNAベイスターズ戦を地元で迎えた時点でマジックは「4」。2位につける阪神の勝敗次第で一気に2つ減らすことができる試合だ。ここで勝ち、明日も勝てば、地元胴上げが実現に近づく。この日の試合は、カープ打線が横浜を圧倒し、12対4の大差で勝利し、田中広輔、安部友裕、そして2安打を放った僕がそれぞれ3打点を挙げていた。ヒーローインタビューのお立ち台に3人が並び、スタンドからの大歓声を浴びた。本当に、この場所に立つのは久しぶりだ。マイクを向けられ、一番に出た言葉は、

「お久しぶりです！　岩本貴裕です」

「やっぱり、ここに立てるってことが、本当に嬉しいです」

偽りない思いだった。優勝へ一歩ずつ近づく試合で、勝利に貢献できたからこそ見渡す光景が目の前に広がっている。そして、阪神が敗れたことで、マジック「2」が

点灯したと、インタビュアーから告げられた。

「明日勝って、必ずマツダスタジアムで胴上げしましょう！」

翌日の試合、カープが横浜に勝ち、阪神が巨人に敗れれば、2年連続のリーグ優勝が決定する。いよいよ、そのときが近づいて来ている。


地元胴上げへの期待で、満員のマツダスタジアムは異様な熱気に包まれていた。優勝の可能性を高めるため、まずはこの一戦に勝つことだ。ファンの期待は十分にわかる。広島の街では、いろんな飲食店がパブリックビューイングの会場となり、それぞれに優勝決定の瞬間に備えていたと聞く。


シーズンを通し、ここまで横浜との対戦成績は10勝12敗と、唯一、互角の勝敗数できていた。8月の3連続サヨナラ負けもあっただけに、相性が良いとは言えない相手だが、地鳴りのような声援が、チームを後押ししてくれた。

大勝した翌日の試合が、ロースコアの展開になるのはよくあることだ。現にこの日は、松山さんとバティスタの本塁打などで加点したものの、安打数では横浜がリードし、7回を終わった時点で4対4の同点となっていた。

ファンにとっては、当然だがカープの勝敗とあわせて、甲子園球場の試合進行が気になるこの日。阪神がリードを保って試合を進める途中経過がスコアボードの大画面に映し出されるたびに、スタンドはどよめいた。

8回にバティスタの犠牲フライであげた1点が決勝点となり、カープはこの接戦を制した。この時点でマジックは「1」だ。

一方、この試合よりも早い展開で進んでいたはずの阪神vs巨人戦は、巨人が終盤にきて同点に追いつき、延長戦に入っていた。

この対戦が引き分けでは今日の胴上げはない。試合を終えた選手は一旦ロッカールームへ引き上げていたのだが、もちろんファンは誰一人として、球場を後にしない。誰もが、大画面から伝えられる甲子園の戦況を、固唾をのんで見守っている。この日ばかりは、巨人に勝って欲しいと誰もが願っていたはずだ。なかには、あらかじめ用意していたのか急ごしらえだったのかわからないが、「巨人頑張れ」の応援ボードを手にしたカープファンの姿もあった。

同点のまま試合は12回。表の巨人の攻撃が0点に終わった瞬間、阪神の引き分け以上が決まり、スタンド全体から大きなため息が漏れた。この日、地元ファンの前で胴上げが叶わなかった僕たちも同じ思いだが、ここは気持ちを切り替えること。次のヤクルト戦で一つ勝ち、その喜びを分かち合いたいところだったのだが……。

予備日日程の一日をおいて、9月16日のヤクルト戦。この日は、予定されていた甲子園での試合が雨天中止になったので、勝てば地元優勝が決まる。しかし、勝負事に絶対はない。この日の試合は、やはり雨のため、30分開始を遅らせて始まった。

ここまで14勝をマークしていた先発の薮田和樹だったが、2点のリードで迎えた7回に、二死から連打を浴びて同点とされ、8回には今村猛が勝ち越しの犠牲フライを喫して、ヤクルトに勝ち越された。

9回には、一死1・3塁のチャンスが巡ってくるものの、得点に結びつけることができないまま、逃げ切りを許してしまった。

阪神の試合が中止になったのも、この試合を雨の中で開催したのも、迫り来る台風18号の影響があったからだ。翌日勝てば文句なしに優勝が決まるのだが、交通機関や日常の生活にも危険が及ぶことを考えれば、中止はやむを得ない。17日の試合は流れ、優勝を賭けた一戦は、18日の甲子園球場に持ち越された。カープが勝つか引き分けるかで、優勝は決まる。

3年前のCSでスタンドを染めた赤色は、そのエリアをさらに広げているように見えた。ここは甲子園なのかと疑いたくなるほどのカープファンが詰めかけ、この日の優勝を信じている。阪神ファンにとっては、せめて最後の意地を見せてくれとの思いがあっただろう。

野村とメンドーサの先発で始まった試合は、1回に松山さんの適時打でカープが先制する。4回には、野村のスクイズで1点の追加に成功したものの、その裏、中谷将大に今季20号の本塁打を許して1点差。7回には、陽川尚将が一岡竜司から同点アーチを架け、勝負の行方は残す2イニングの攻守に委ねられた。

そして8回、勝負を決める一打は、バティスタのバットから生まれた。一死一・二塁の場面、阪神の4番手・桑原謙太朗投手を捕えて三遊間を破り、貴重な1点をたたき出す。代打のあと、8回に一塁の守備についていた僕自身も、そのときが近づいてくるのを感じていた。ジャクソンが絶妙の牽制球で反撃の芽を摘み取る。そして中﨑へ。

最後の打者が打ち上げたフライを、田中がグラブに収めた瞬間、2年連続の「歓喜のとき」が訪れた。

全選手が、マウンドに向けて一斉に飛び出す。1年前には悔しさに暮れた僕も、その中にいた。グラウンドで感じる優勝の喜びとはこういうものなんだ。

鳴りやむどころか、一層大きくなる大観衆の声援の中、緒方監督が宙に舞った。

2017年の成績は、33試合で50打数18安打13打点、打率.375。

僕に求められる代打起用に限れば．429の打率を残すことができた。連覇を果たした年、シーズンを通してとはいかなかったが、優勝を目指す大事な時期に、少しはチームの役に立てたのではないかと思う。

ただ、この年も、カープは宿題を残して戦いを終えることになった。CSファイナルで横浜に敗れ、日本一の目標を果たせなかったことだ。リーグを制することが力のあかしなら、リーグの覇者として堂々と勝ち抜かなくてはいけない。

三連覇の偉業に挑戦するため、また新たな戦いが始まった。リーグの各チームだけでなく、チーム内で高いレベルの競争があるからこそ、強さは本物になっていく。昨季と同様の活躍が約束される保証は誰にもないし、大事な場面を任されるためには、この競争に勝つことが条件だ。これまでの野球人生で最高のシーズンにして、僕自身、結果を追い求めたいと思う。

今年こそ、すべてのカープファンの悲願を果たすために。

〔第6章〕

覚悟と感謝

がんちゃん

10年目のシーズン

これまでの9年間があって、迎えた節目の10年目があり、その先もあるのだと考えられるようになった。順風満帆なプロ野球人生でないからこそ、何度か訪れる苦境から脱するための試行錯誤が、自分と野球の向き合い方に気づきをくれたのだと思うし、その都度アドバイスをくださった方たちのことも忘れられない。

今年のキャンプは、開始から通して日南で過ごした。若手が沖縄組に帯同し、実戦に臨むなかで、野手でいえば、赤松真人さんや天谷宗一郎さん、小窪さん、そして僕の年齢に近い選手が、ともに日南で練習を重ねてきた。

開幕一軍に入ることは一つの目標として置きながら、ここでやるべきことはある。若い選手には負けないぞと、30歳を過ぎても思い続けてきたが、それはあくまで、培ってきた技術や経験によるものが根拠にあってのことだ。

体力的な面ではどうかというと、20代なら感じなかった体の疲れがどっとくるようになった。夜間練習こそ免除される歳になったが、全体練習後の特守・特打メンバーには今でも入っているから、若手と同じ練習をこなす毎日だ。

それでも、一晩ぐっすり寝て目覚めれば、「よし、今日も頑張るぞ」と、体も気持ちもリフレッシュし、練習に取り組むことができている。これは、体調面での不安がないことが一番の理由なのだが、健康でいられることの幸せを、今季は特に感じずにはいられない。

赤松さんが胃がんの手術から療養期間を経て練習を再開し、復活を目指している姿は、多くの方の胸を打ったと思うが、これは、身近で接する選手たちも同じで、命に関わる大病と治療を乗り越えた今、彼は本当に、楽しそうに野球に取り組んでいる。その赤松さんの姿勢が、僕たちに「何度でも挑戦する。野球ができることの喜びを知る」という心構えを無言で教えてくれているような気がするのだ。プレーできる健康な体があれば、不振や課題を克服することなど、練習で可能なのだから……。

僕自身も、オフからこの時期にかけては、かつて手術した左膝の具合と相談しながらトレーニングに取り組む日々だ。特にウェイトトレーニングでは、かなりの高負荷を掛けることになるので、気持ちはつい慎重になりがちだ。だから、この箇所に不安がないということは好調に推移してきていることのあかしだし、自信にもなる。

野球ができることの喜びを噛みしめて、そのときに備えなければと感じている。

広島商時代の担任　佐藤潤先生

野球と深く関わりながら歩んできたここまでの人生。指導者の皆さんや家族の支援があってこそ今があるのだと、あらためてすべての皆さんに感謝の気持ちを伝えたい。そのなかで、1人の方を紹介させていただこう。

広島商の2年・3年時にクラスの担任としてお世話になった佐藤潤先生は、僕にとってまさに恩師と呼べる人だ。広島商のOBでもある佐藤先生は、高校時代から卓球に情熱を注いできた人で、広島商赴任後は、卓球部を高校総体の常連校に育てあげたほか、国体・少年の部の監督も務めるなど、広島県の卓球界で大きな存在でもある。大学生のころは地元テレビ局でアルバイトをしていて、高校野球の取材などにもよく出掛けたそうだが、元来、野球ばかりが過熱気味に報道されるのが面白くなく、年上のディレクターに何度もかみついたそうだ。

とにかく熱い先生で、当時は生徒指導の担当だったが、やや荒っぽい大きな声で生徒に声を掛ける人だった。だからと言って生徒に煙たがられるのではなく、親しみやすくて人気のある先生だ。

3年生の夏を前にこんなことがあった。学期末のクラスマッチが行われるころだったが、野球部は大会前ということもあり、特別に授業を免除されて一定の練習が許可されていた。あくまで限られた場所での練習が認められていたのを、僕が破ったことからアクシデントが起きてしまい、これが担任の佐藤先生にも伝わることとなった。

ペナルティとしてクラスマッチへの参加を禁止された僕は、期間中、ずっと草むしりをすることになったのだが、これに付き合ってくれたのが佐藤先生だ。

いろんな話をしながら二人で作業していたときの、先生の言葉が今も心に残っている。

「おまえは、何事も謙虚に取り組むことを忘れたらいけんぞ」

以来、その言葉は、僕の心の中にずっと留まることになる。その言葉があってこそ、広島商のチームメートを信頼し、チーム一丸で貫く野球を実践できたのではないかと思う。

佐藤先生には、勉強でもお世話になった。

野球部を引退して卒業までの間、簿記検定の1級取得を目標に、会計の勉強に取り組む時期があったのだが、大学を目指しての練習が終わってから、佐藤先生は勉強に付き合ってくれていた。卓球部の顧問という忙しい立場ながら、部活が終わってからの時間、朝も始業前に1時間と、嫌な顔一つせず教えてもらった。2年間、てこずらせたこともあったが、こうして親身に接してくれる先生と出会えたことは、高校生活の中で残せた宝物の一つだと思う。

広島商には、プロになった今も年に何度か訪れることがある。不思議なもので、野球部に顔を出さないこともある。そんなときは何をしているかというと、卓球部の練習場にいる佐藤先生を訪ねるのだ。挨拶をして近況報告をしたら、あとは二人で卓球台を挟み、ひたすら打ち合う。この間、特に会話もない。気のすむまで打ったら、野球部に顔を出さず、帰ることさえある。

つまり、佐藤先生は、一緒にいると居心地の良い存在というのか、時々無性に会いたくなる人なのだ。大学からプロの世界へと、教え子の僕の立場が変わっても、この関係は変わらない。現に、佐藤先生のもとには、かつての教え子をはじめ、いろんな人が集まる。顔も広くて、いろんな方との出会いもいただいた。こまめに連絡を取り合うことはないが、お互い都合をつけては食事に行く機会を作っている。

今では、教師と生徒の立場を超え、よき相談相手であり、兄貴のような存在だ。

亡き祖父にあらためて感謝する

本書の冒頭、僕と野球との出合いに、同居していた母方の祖父母の存在があったことは記したが、遊び相手であり、とても可愛がってくれていた祖父が、昨年の1月に亡くなった。大病を患い、一度は回復の兆しを見せたものの、前年の秋ころから再び容体が悪化し、そこから亡くなるまでは、あっという間だった。

祖父を送るとき、子どものころのことをあれこれと思い出していた。あんなこともこんなこともあったと懐かしい一方で、もう話をすることもできない現実に、悲しみが込み上げて仕方なかった。大学時代に4年間広島を離れている間、ほとんど電話で声を聞かせることもなくて、寂しい思いをさせていたのではないだろうか。久しぶりに会えば、僕といろんなことを話したかったのではないだろうか。そんなことばかりが頭をよぎった。

本当に可愛がってもらったし、きっと、カープの一員としてプレーする孫を、誇らしく思ってくれていたことだろう。

小学生で野球を始めてから、ずっと応援してくれていて、試合はもちろんのこと、中学に進学してからも、練習を度々見に来ていた。中学校は地元だったから毎日でも通うことはできるが、高校時代にもわざわざ足を運んできたのには驚かされたものだ。


広島商時代の迫田監督は、普段の練習にOBや部員の保護者などがグラウンドに入ることを禁止していた。それは、野球に専念させるためにほかならないのだけど、祖父は学校の敷地に入って来ない代わりに、ある所から僕の練習を見守っていたのだ。

何本にも分かれた太田川の分流が海にそそいで三角州が形成されている広島市。広島商のグラウンドの西側には天満川が流れていて、東西に長方形をしているグラウンドのレフト側がその方角にあたる。祖父は自宅からバイクをとばしてやって来ては、天満川東岸の道路あたりから練習をずっと見ていた。その姿が見えることもあったが、ときには物陰に隠れるようにもしていたものだ。

プロになってから、祖父がマツダスタジアムで観戦したという話は聞いたことがなかったが、由宇の球場で行われるウエスタンリーグの試合には、何度か父に連れて来てもらっていたようだ。

大好きだったじいちゃんに、もっと、活躍する姿を見てほしかったな。

祖母は健在でいてくれるので、時々はひ孫の顔を見せに帰ることができる。亡くなった祖父の分まで、長生きしてほしいと思う。

今も大切に保管している、野球と出合ったときのグローブ。買ってもらったときの嬉しさは忘れることがない。野球と僕の出合いを作ってくれて本当にありがとう。

特別対談

佐々木リョウ×

岩本貴裕

がんちゃん

テーマ曲「GAN・CHANCE!!」誕生秘話

佐々木　背番号10を背負ったがんちゃん、プロ野球選手としてのキャリアもいよいよ10年目に入るね。

岩本　そうやね。ここまでよくやってこられたと、ホッとする思いもあるし、ここを節目にもうひと頑張りするぞという気持ちにもなるね。９年目と10年目というのは、たった1年ではあるけど、プロ野球選手としては大きく違うと感じるよ。

佐々木　がんちゃんと知り合ってもう何年になるのかな。ラジオ番組のディレクターさんが食事に誘ってくださった席で会ったのが最初、もつ鍋屋さんでね。確か２０１３年のオフだったから、もう5年になるのか。早いね、時間が経つのは。

岩本　もうそんなになるんかな？　初対面のとき、僕のことをどう呼んだらいいか

佐々木　迷っていて「がんちゃんさん」って言うものだから、「それはやめて。がんちゃんにして」ってね。よく覚えとるよ。もともと、僕がどんなにカープファンかをいつも熱く語っていたから「そんなに好きなら、食事会のセッティングしてあげるよ」って言われて、それが実現したんだよね。その日、僕はがんちゃんへの応援歌を入れたCDを一枚持って行ってね。アコースティックギター1本で歌った、ものすごくラフな録音だったけど。

あの曲は、岩本貴裕という野球選手をイメージしながら、3日間ぐらいで作ってね。「これを登場曲にどうですか」なんて、ほとんどプレゼンみたいな食事会になったのを覚えてる。まだ、タイトルも決まっていなかったけど、その曲を聴きながら、がんちゃんがおしぼりを振り回してノってくれたんだよね。がんちゃんが「これ、さっそく使っていい？」って言うものだから、いや、ちゃんとレコーディングさせてくださいって。

岩本　あれたった3日で作った曲だったんだ。

佐々木　いやいや、それはかけた時間の問題じゃなくて、僕が思いを集中させて作ったからこその時間だったたってこと。それで、まだ名前のないその曲を、がんちゃんがゲスト出演していたFM局の番組で流してもらえることになってね。タイトル未定じゃかっこ悪いからって、タイトルつけようって。急遽、がんちゃんから電話がかかって来たんだよね。
がんちゃんがチャンスで打席に入るときに流れてほしいからって「GAN・CHANCE!!」にしようかって話になったんだ。でも不思議なことに、局に搬入したそのCDは、エンジニアさんから渡された、たった1枚のマスター音源だったんだ。盤面には手書きで「㊙マスター」とだけ書いてあってね。何日か経った後、ネットで、「カープ選手の登場曲一覧」を見ていたら、「岩本貴裕：㊙マスター」って載ってて。誰がそのリストを作ったのかはいまだに謎だけど、きっと、あの1枚を目にした人なんだろうね。あの音源、今もどこかにあるのかなぁ。

岩本　僕の、リョウ君に対する第一印象は、よく喋るし、誰とでも仲良くなれる人なんだろうなということかな。一度会ったら忘れない人だと思ったね。

佐々木　ありがとうございます。初めてがんちゃんに褒めてもらった。そもそも、お仕事でカープの選手と会わせていただくことはあっても、プライベートでなんて初めてなものだから、もう舞い上がっていてね。

自分のなかで、プロ野球選手に対する勝手なイメージが出来上がっていて、気高いというか、ちょっとツンケンした感じなんだろうなって。ストイックにプレーを極める人たちだから、プライベートでもきっと気難しいに違いないと身構えていたわけ。ところが、がんちゃんは、自分でお店の人に注文したり周りに気遣いができたりで、すごく感動した。

岩本　そんな人のほうが珍しいと思うけど。みんな気さくだよ。プライベートな食事の席でツンケンしてる人がいたら、逆にすごい。

佐々木　それに、僕が初めて買った、カープのレプリカユニフォームが金本選手の「10番」だったものだから、それを背負っている選手と会わせていただけること自体が、とにかく光栄だった。

それに、僕らミュージシャンにとって、自分の曲が大好きなカープの選手のテーマに使ってもらえて、それがマツダスタジアムで流れるなんて、こんな名誉なことはないからね。自分の価値観でいえば、紅白歌合戦に出るより嬉しいぐらい……。作品を仕上げるまでのスピードが、もう尋常じゃないぐらい早かった。

岩本　リョウ君の曲を使うようになった年から、自分の成績がちょうど低迷し始めたころだったんだよね。そろそろ曲を変えてくれないかって、3年ぐらい前から冗談でよく話すんだけど、対応のないまま、依然として使っているのが現状でね。

佐々木　いや、それについては僕も今まで、ことあるごとに言ってきたじゃない。僕の曲でがんちゃんの気持ちが乗ることができなかったら、いつでも替えていいよって。

だって、僕の曲で登場したがんちゃんがヒットを打てば誇らしいし、凡退すると、自分のせいじゃないのかって、すごく腹立たしくなるからね。そこを、あえて使い続けてくれるところに、がんちゃんの優しさを感じるんだ。

岩本　試合のなかではいろんな場面で起用されるけど、この曲が聴こえてきて自分の気持ちが高ぶるのを感じながら打席に入ることは確かにあるよ。「さあ、いくぞ」っていう気持ちに、自分をのせていくことができるというのかな。そんなときは、もう少し長く流してくれないかなって思う。

佐々木　確かに、極端に短いときもあるね。

岩本　由宇の球場でウエスタンの試合に出ているときに、このＣＤのジャケットを掲げて声援を送ってくれる人もいてね。リョウ君が作ってくれた曲を応援してくれる人が買ってくれているっていうのは、僕も嬉しいよ。

佐々木　僕は、がんちゃんが一軍登録されると、「待ってました」とばかりに、もう日常生活のいたる場面がハッピーになるし、試合までの時間が待てないくらい、毎日ソワソワするからね。

昨年の終盤、マツダスタジアムのセンター近くの席で観戦する機会があったとき、僕の曲で登場したがんちゃんが、センター前ヒットを打ってね。そのときの感動と興奮と言ったらもう……。僕にとっては、大観衆の中、「GAN・CHANCE!!」と、がんちゃんのヒットが、セットでプレゼントされたようなものだから。

がんちゃんは恥ずかしいって言う、派手な特注のレプリカユニを着ていた僕は、周りの人が引くぐらいの歓声をあげてね。自分のことのように嬉しかった。常時出場している選手のファンにとっては、単なる1本のヒットかも知れないけど、勝負の場面、1打に賭けるがんちゃんファンとしては、もう、

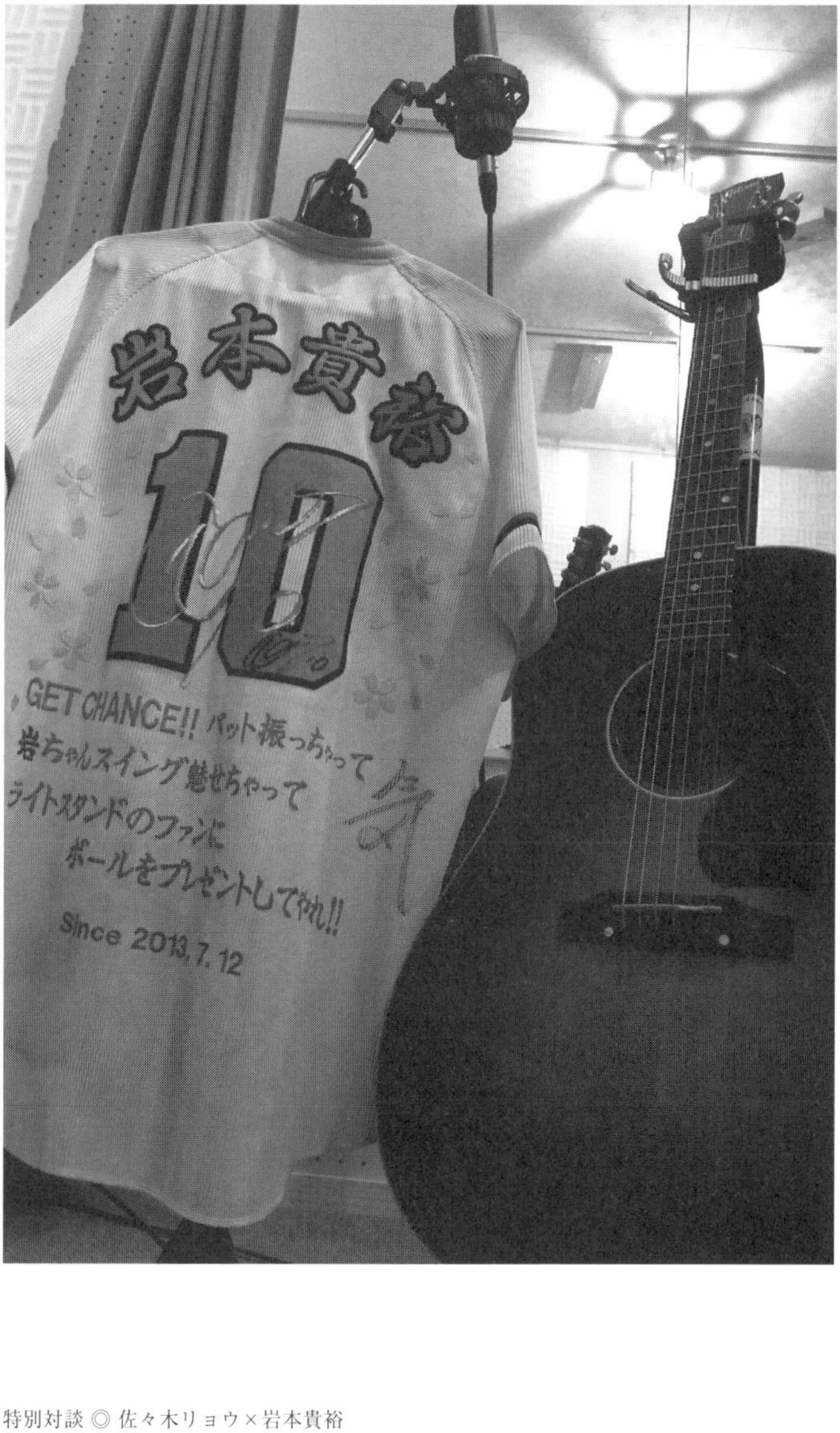
岩本貴裕
10
GET CHANCE!! バット振っちゃって
岩ちゃんスイング魅せちゃって
ライトスタンドのファンに
ボールをプレゼントしてやれ!!
Since 2013.7.12

たまらない瞬間だったよね。

岩本　僕のレプリカユニフォームなんか着ている人、リョウ君以外にいるのかな。

佐々木　いるいる！　球場でも見かけるし、去年の優勝パレードのとき、僕が見ていた周りにもたくさんいたからね。で、みんな「がんちゃーん！」って叫んで手を振ってたよ。がんちゃんは、自分たちのすぐ近くにいる野球少年が、そのまま大人になってカープの一員になったという物語のなかにいるんだと思う。だからみんな、親近感を持って応援できるんだと思うよ。

節目の年にかける思い

佐々木　そもそも去年の後半からのがんちゃんの活躍と、今年迎えた節目の10年に、カープ自体が挑む初の三連覇をかける年が見事に重なり合って、今年のスタートにつながっているような気がしてね。がんちゃんファンとしては、開幕一軍ではなくても、広島出身の強打者が、チームの優勝に貢献する姿って、絶対に見たいもの。

岩本　今年はチーム自体がさらに大きな目標を掲げる年。そこに僕がどう役に立つかだけど、焦らず、必要とされるときに備えて、良い調子を維持することが大事だと思う。

僕は夏場に調子が上がるから、変に焦ることなく、そのときにピタッとはまることができれば最高だけどね。常時一軍に帯同できればいいし、そのための準備を怠ることはないけど、そこはチーム事情もある。自分としてやるべきことをやって備えておくのが一番大事なことじゃないかな。

今のカープは、若くて力を持った選手がどんどん出てきているし、それは素晴らしいこと。でも、自分がここまで9年間のプロ生活で磨いてきた技術も、まだ負けてはいないぞという思いはある。その経験を大事に、意識することなくやっていこうと思うよ。

だからと言って、変に余裕持ってやるんじゃなくて、去年まで積んできたことを、いかに発揮することができるか、反対に失敗したことを繰り返さないようにすることも大事でね。当然、失敗することはあるんだけど、そこには何が足りていなかったのかを振り返って、減らしていくこともしていかないとね。

10年という節目は、プロになったときから一つの目標だったから、よくここまでできたとも思うし、ここでもう一度、ここまで積み重ねてきた財産を野球に生かしたいなという思いもある。

佐々木　そもそも僕は、叶わないながらも、カープの選手になりたいという夢を持っていて、その夢を音楽に切り替えて今があるんだよね。

ミュージシャンになって、今年30歳になる僕にとっても、人生の節目の年。その僕の曲を自身のテーマに選んでくれたがんちゃんには、最大級の感謝と期待を込めて、今年も全力で応援するよ。がんちゃんが勝負を決める場面で活躍してくれたら、もう最高だね。

今季もカープは優勝するに決まっているから、何をどう言葉にして伝えたらいいか難しいけど、活躍を期待してます。

岩本　いつも気にかけてくれていて、メッセージも頻繁に送ってくれるから、リョウ君の存在は、大きいよ。

佐々木　その割にはすぐ返信がないけど。大体2～3週間後とか。これ、ちょっと空き過ぎじゃない？

岩本　即返信したら、エンドレスになるからちょっと間を空けるんだよ。でも、応援してくれる人がいるというのは、僕たちにとって本当に励みになることなのでね。

広島出身の選手として結果を残して、ファンに喜んでいただけるよう頑張るよ。

おわりに

子どものころの記憶にかすかに残る、広島東洋カープ6度目のリーグ優勝。まだ、僕が野球に興味を持つ前の出来事だ。その僕が、カープの一員となり、10年目を迎える選手になるなんて、本当に恵まれた野球人生だと思う。確かに故障もしたし、期待にそうことができない年もあった。

ドラフト1位という重圧に押しつぶされそうになったり、ドラフト1位なのに常時出場できる選手になれなかったりと、振り返れば、僕のプロ野球人生は、本当に山あり谷ありで推移してきた。

本書をここまで読んでいただいた皆さんならご理解いただけたと思うが、僕は見かけによらず小心者で、初めてのことには過剰に緊張するタイプだ。その都度、やっていくことができるだろうかと壁にぶち当たり、それをひとつ超えることを積み重ねてここまで来た。きっと不器用な人間なのだろう。順応に時間がかかるのも、きっとそれゆえのことだ。

あと何年プレーできるか、自分自身の残す結果が方向性を示す年齢になったが、ここまでの経験は、何ひとつ無駄にはなっていないと思う。僕がプロの世界に入ったときに先輩たちから感じた凄味は、単に才能が放つオーラではなく、誰にも言えない苦悩を乗り超えてきた経験値の高さだったのだと思う。伸び盛りの若手の持ち味が思い切りの良さなら、ベテランには、技術プラス読みや駆け引きが武器となる。この個性の差が生かされてこそ、チームは機能するのだと思う。

25年ぶりの優勝を傍観しなければいけなかった悔しさと、自分なりの役割を果たして連覇の瞬間に立ち会った昨季の喜びは、まさに天と地の差だ。プロとなった以上、あの場にいてこそ、その醍醐味を感じられる。だから僕は、今季も必要とされる場面を待つ。岩本の一打でチームを勝ちに導いたと言われる試合を一つでも多く重ねられるよう、備えておかなければならない。

カープは今年、球団史上初のリーグ三連覇を目指す。ただ、これは最終的な目標ではない。2年続けて叶わなかった日本一に到達するための通過点だ。他球団のマークは一層厳しくなり、容易ではない連覇への道のりだが、チームがそれぞれの役割を果たせば、実現できると信じている。

広島で生まれ育ち、地元の方たちに応援していただけるのは、この上ない幸せだ。カープ選手の躍動する姿に、子どもたちは将来の夢を膨らませるだろうし、大人の皆さんは、日々の暮らしの活力にもしていただいていることだろう。

その一翼を担うことができるよう、努力することを誓う。

「ファンの皆さんから愛される選手になりたい」――

入団のときに抱いた、今も変わらないその思いを、必ず形にする。

装丁・本文デザイン　村田洋子
カバー写真撮影　中野章子
編集協力　株式会社ザメディアジョンプレス（石川淑直）
株式会社T-Work（井村尚嗣）
校　正　菊澤昇吾
協　力　広島東洋カープ、佐々木リョウ

〔著者プロフィール〕

岩本貴裕（いわもと・たかひろ）

1986年4月18日生まれ、広島市出身。広島商時代は4番・投手としてチームを16年ぶりに夏の甲子園へ導く。亜細亜大進学後は1年から主力打者として活躍し、2008年ドラフト1位指名を受け広島東洋カープに入団。広角に長打を放つ打力が持ち味。近年は代打の切り札として、カープのリーグ2連覇に貢献。一打にかける集中力と高い成功率は、勝負どころに欠かせない。10年目を迎えた2018年シーズンも、経験と培った技術で得点シーンを演出する。

がんちゃん

（検印省略）

2018年5月2日　第1刷発行

著　者　　岩本貴裕（いわもと・たかひろ）
発行者　　田中朋博

発　行　　株式会社 ザメディアジョンプレス
〒733-0011 広島市西区横川町2-5-15
TEL 082-503-5051　FAX 082-503-5052
受付時間　9:00～18:00
HP http://www.mediasion-press.co.jp/

発　売　　株式会社 ザメディアジョン
〒733-0011 広島市西区横川町2-5-15
TEL 082-503-5035　FAX 082-503-5036
受付時間　9:00～18:00
HP http://www.mediasion.co.jp

落丁・乱丁本はご面倒でも、上記ザメディアジョンまでお送りください。
送料は小社負担でお取り替えいたします。
古書店で購入したものについてはお取り替えできません。

印刷・製本　株式会社 シナノパブリッシングプレス

ISBN978-4-86250-550-7　¥1300E